TEXTES DE PHILOSOPHIE
dirigés par Pierre-François Moreau

1

Gabriel Naudé

Œuvres complètes

V

Gabriel Naudé

Œuvres complètes

publiées sous la coordination de Frédéric Gabriel

V

Traité sur l'éducation humaniste

(1632-1633)

TRADUIT, ANNOTÉ ET COMMENTÉ
PAR PASCALE HUMMEL

PARIS
ÉDITIONS CLASSIQUES GARNIER
2009

Ouvrage publié avec le concours
du Centre National du Livre

ISBN : 978-2-8124-0023-0

TRAITÉ SUR L'ÉDUCATION HUMANISTE

GABRIELIS NAUDAEI
Parisini

SYNTAGMA DE STUDIO LIBERALI

Ad Illustriss. Adolescentem
FABRICIUM
EX COMITIBUS GUIDIIS
A BALNEO.
Nicolai Marchionis Montis Belli
FILIUM.
SECUNDA EDITIO.

Arimini, Per Io : Symbenium. M.DC.XXXIII.

Die 25. Septembris 1633.

Imprimatur
Fr. Thomas Petrus Bellus à Camurano
Inquisitor Generalis Arimini, &c.

Die 26. Septembris 1633.

Imprimatur
Ioannes Antonius Sarzettus
Vicarius Generalis Arimini.

[page 3]

AUCTORIS PRAEFATIO.

AD LECTOREM.

SAEPE, multumquè apud me dubitaui, Lector beneuole, num praematurum hunc, & diuersa locorum mutatione, quae mihi crebro subeunda fuit, non aequalem forsan ubique, nec sui in omnibus similem ingenij mei fœtum, publicae hominum luci, ac eruditorum censurae exagitandum committerem ; Verebar enim non mediocriter, ne quod de Cane prouerbio dicitur, quae dum nimis festinat, caecutientes Catulos parere solet, illud ipsum in me retorquerent, qui parum candide, ac sincere de reliquorum laboribus iudicare sunt assueti : aut saltem difficillimum esse experirer, quemadmodum monuit Apuleius, celeritatis simul, ac diligentiae laudem promereri. Deinde vero arduum omnino, ac perdificile mihi videbatur aliquid nouum, atque indictum in eiusmodi mo- [page 4] *nitis, & praeceptionibus usurpare, de quibus tot iam viri aetate quidem prouectiores, & doctrina, ac praestanti iudicio longe omnium celeberrimi, sic elegantèr, & copiosè dixerunt, ut spem omnem reliquis ademisse videantur, laudis quidquam, ac gloriae ex simili conatu consequendi. Verum enim vero, cum me in omnes partes cogitatione verterim, ut quid mihi tandem consulto faciendum esset apud me statuerem, nil potui reperire melius, aut quod Genio, & antiquae studiorum meorum consuetudini magis alluberet, quam Apellis instar, aut Protogenis, Tabellam hanc nouiter à me depictam, in communi velut pergula, & omnium ob oculos exponere conspiciendam, dijudicandamque spe ratus non illam seueriores Aristarchos, nancisci debere, quam reliqui mei libri nacti sunt, nec magis quam illos publico fauore distitutam iri. Etenim licet plures ante me multa quidem, & praeclara de studiorum ratione dixerint, non erat tamen propterea, quod animum desponderem, aut oblata hac, qua nulla praestantior, nobiliorvè desiderari poterat occasione, aliorum me studijs, atque laboribus deterritum ostenderem. Nam praeterquam vix scire, ac recordari potui, quid ipsi de tali negotio praeceperint, cum* [page 5] *non ipsorum modo lectione, sed omni fermè librorum praesidio destitutus, ad scribendum accesserim : Nec insuper me, non mediocriter refecit, ac velut calcar, & stimulos admouit, quod quemadmodum rectè cecinit Poeta quidam venustissimus in sua Cyclopedia.*

Non Violae marcent, quamuis Rosa Floris honore
Splendeat, aut cultus componat Lilia candor.
Non omnis delirus erit, cui sensus Ulyssis
Deficit, aut mutus, quem nescit Musa Maronis ;
Non nitor Argenti liuet, si fulgurat Aurum.
Non minus arma capit Hector, si plenior Aiax
Fulminat.

Aut si mauis elegantioris aeui lyricum audire,

Non, si priores Mœonius tenet,
Sedeis Homerus, Pindaricae latent,
Cæaequè, & Alcaei minaces,
Stesichorique graues Camœnae.

Quod si Poetarum sententia laeuior omnino videtur, quam vi in hac mea defensione plurimi facienda sit, en Senecam profero testem omni prorsus exceptione maiorem ? qui his verbis Lucilium suum exhortatur, ut quandoquidem, tum [page 6] *in Sicilia esset, non nihil etiam de Monte Ætna conscribere vellet,* solemnem omnibus Poetis locum attingas, quem quominus Ouidius tractaret, nihil obstitit, quod iam Virgilius impleuerat. ne Seuerum quidem Cornelium, uterque deterruit. *Sanè quantum ad me spectat, nunquam veritus sum, ne illud mihi eueniret, quod Catilionibus, & Potitijs, paulo serius ad Epulum, & pollucibilitatem Herculis accedentibus contigit, nempè, ut vacuus, & ieiunus accumberem ; maximè cum adeo fæcunda sit, & per se diues ipsa de litterarum studijs pertractatio, ut nondum omnis occupata sit, nec ità funditus exhausta, quin plura quaedam, & tibi forsan non ingrata nobis relicta sint, in praesenti syntagmate pertractanda. Neque vero magis urget quod Gataei primum, mox Montis Scutuli, ac tandem Urbini (quae loca mihi cum Eminentissimo Mœcenate meo, inter bimestris spatium adeunda fuerunt) illud ipsum non inceperim modo, sed penitùs etiam absoluerim; Cum inde potiùs bonum Omen accipere debeam, ac fausta, & fauentia omnia de tuo mihi iudicio promittere, cui praesertim non ignotum est, & tricipitem Mercurium, ab antiquis adoratum, & tres tantum Musas ab* [page 7] *Ephoro, Varrone, Ausonio constitutas, ac Mineruae tres olim fluuios fuisse a Pausania assignatos, nimirum in Bœotia, Thessalia, & Lybia; quasi fatum esset, quidquid ad litteras pertinet ternario numero, ac nullo alio melius absolui debere. Sed nec ille prorsus a veritatis scopo aberrabit quicumque volet, tria haec loca, quae à me supra comemorata sunt, tribus illis Mineruae fluuijs perpetuo scientiarum lacte manantibus assimilare, cum Urbini quidem propria semper haec laus, ac genuina fuisse videatur, quam & olim, sibi iure vendicauit per suos* Polydoros, Commandinos, Corbolios, Baldos, Maccios, Bonauenturas, & *nunc temporis sartam quoque ac integram retinet per* Veteranos, Battiferros, Michaloros, Venturellos, Puccios, Ubaldinos, Odasios, Sempronios, Manasanguios, Bartolinos, Gallos, Fabrettos, Vincentios, *quorum sanè praeclarissimis laboribus, ac studijs, nobilissima* Surdorum Academia, *quae frequenti ipsorum recitatione personat, tantum se inter Piceni reliquas conspiciendam praebet.*

Quantum lenta solent inter Viburna Cupressi.

Sed nec amœnissimus ille Montis Scutuli secessus, unde per interiectam tot Monticulorum, [page 8] *Colliculorumque, velut in prato viridi, ac molli planitie undulatim fluctuantium varietatem, prospectus se quam longissime diffundit, qua in mare veliferis subinde nauibus exaratum, qua per montes Carpineum, & Sacchettum vertice cauos, rupibus horrentes, dumetis hispidos, qua tandem.*

Sancti ad praerupta Marini
Saxa, & stelliferum ferientes aethera rupes.

Non inquam locus hic tam iucundo, & amœno situ fuit à natura donatus, nisi ut peregrinantes aliquando Musas subterlabentisque Crustumij, velut alterius Permessi sinuosos fluctus inuisentes facilius posset, ac honestius hospitio planè conuenienti, ac debito excipere, sane ipsas quondam illic à se depraehensas fuisse auctor est Vir inter principes historicos merito recensendus Flauius Blondus Foroliuiensis *cum inibi degens, libros qui semper apud omnes plurimi aestimati sunt conficeret, & studeret praeterea.*

Nunc veterum libris, nunc somno, & inertibus horis
Ducere sollicitae iucunda obliuia vitae.

Quare hoc solum male me habet, quod nimia quadam festinatione totum istius quodcunque est operis, ac negocij effecerim, sed tempus il- [page 9] *lud, quod mihi adscribendum commodum visum est, velut non alias forsan rediturum ocyus arripiendum esse apud me constitui, nec si laudem inde consequar minus propterea iucunde viuam, aut tranquille, quoniam nec ipsam quidem scribendo quaesiui, nec aliud quidquam, nisi ut eius primum ad quem scribo, deinde vero reliquorum, quibus litterarum studia cordi sunt utilitati simul, ac commodis inseruirem : Unde si non fuit par voluntati facultas, haud temeritatis, vel arogantiae, sed tarditatis, aut infirmitatis crimen suscipere debeo.*

[page 10]

IACOBI MICHELORII
URBINATIS.

DISTICON.

AD NOBILISS : COMITEM
FABRICIUM
E COMITIBUS GUIDIIS
A BALNEO.

Abdita Aristoteles Sophiae penetralia pandit.
Sed te Naudaei ducit ad ista Liber.

Federici Ubaldini Academici Urbinatis.

DE FABRICIO E COMITIBUS
GUIDIIS A BALNEO.

ODE.

Æquora en cerno Iuuenem Sophiae
Non leui intrantem trabe, Vaticani
Cui rubens Cæli bene praebet Astrum
Se Cynosuram.
Atque Naudeo duce iam relictas
Aufugit Sirtes, scopulosque acutos,
Mox bono Cyrre placidum subintret
Alite portum.
O Iouis proles, igitur secessus
Exue umbrarum folijs, puella
Construe, & Lauro pia serta, docta
Praemia frontis.

[page 11]

AL SIG. GABRIELE NAUDEO

S'allude al presente Libro De studio liberali,
& ad un'Discorso, ch' egli hà stampato
de Venenis.

De Sig. Gio. Leone Sempronij.

Nel gran Mar de gli studi, ou'altri absorto
Spesso riman, de'naufraganti Ingegni
L'Orsa tù sei, che luminosa insegni
Trà gli scogli, e le sirti il Polo, e'l Porto.

Quindi auerrà, che qual Nocchiero accorto,
Ogni spirto gentil gli augusti segni
Del'Herculee colonne abborra, e sdegni,
Dà i chiari raggi tuoi guidato, e scorto.

Mostran le Carte tue famose, e belle,
Qual vento scacci le tempeste, e quale
Desti nel'intelletto atre procelle.

Hor chi non vuol gloria caduca, e frale
Te siegua, o buon Naudeo, cui dier le stelle
In frà i Veleni ancor vita immortale.

[page 12]

AL MEDESIMO.

Del Sig. Vittorio Bartolini.

Con si fermo saper l'alto concetto
Spieghi, NAUDEO, del tuo sublime ingegno
Che di quei chebber, tù sormonti il segno
Pien di Filosofia la lingua, e'l petto.

Mentre col dotto stil' d'ogni tuo detto,
Del latino sermon base, e sostegno,
La via ne aditi, che conduce al regno
Doue hà vera Virtù l'esser perfetto.

Quinci l'ingordo tempo, onde si lagni
Haurà veduta ogni sua forza doma
Hor che ne mostri come s'accompagni.

Canuto senno à non canuta chioma,
Per cui l'antica, e gran Casa de BAGNI
Più non inuidia il suo FABRICIO à Roma.

[page 13]

GABRIELIS NAUDAEI PARISINI.

SYNTAGMA. DE STUDIO LIBERALI.

Ad Illustrissimum Adolescentem
FABRICIUM
EX COMITIBUS GUIDIIS
A BALNEO.

FACIT omnino egregia tua indoles, Fabrici Nobilissime, Illustri quidem tot maiorum, qui tibi praeluxerunt exemplo, velut quodam incentiuo, ad gloriam, & immortale decus, non excitata modo feliciter, sed penitùs etiam confirmata ; ut ego grauiter sanè, & iniquo animo tulerim, oblatam mihi nondum fuisse, [page 14] (quam prae cunctis rebus, cupidè semper optaui) propius te, & familiariter conueniendi occasionem. Atque hoc desiderium meum, aut potiùs dolorem ex irrito, & ingenti desiderio conceptum, haud mediocriter auxit, Aulicorum nostrorum Torraei, & Slingelandi non vulgare de te iudicium : ipsi enim, postquam te obuiam factum Eminentissimo Cardinali Patruo tuo, amplexi sunt ; nulla de re maiori cum voluptate, aut ambitione loquuntur, quàm de tua eleganti specie, ac forma nescio quid ultra communem aliorum sortem promittente, & candidissimis illis moribus, quotidianaeque vitae consuetudinibus, quae splendorem antiquum tui generis singulari prorsus affabilitate temperatum apprimè redolent, & obuios quosque sic in tui amorem pelliciunt, ut non tanta vis insit Pentaurae lapidi, qui quod contingit ad se facile trahit ; non tanta Magneti, qui ferrum ; aut Electro, quod paleas suscitat : huicvè bitumini, quod admota protinus inflammat ; quantum tibi ad conciliandos omnium animos gratiae, & virium suppetit. Nempè hoc unum est, quo tuae Domus Principes, ab reliquorum familijs distinguuntur, non secus, ac Thebanorum Sparti lanceà, [page 15] & Seleuci Nepotes anchorà peculiari naturae impetu in ipsorum corpore depictis, Atheniensesque Cicadis, aut Romani lunulis, quas velut antiquissimae suae nobilitatis testes gestare solebant; hi quidem in calceis depictas, & affabre ex auro, vel argento delineatas; illi vero crinibus suis intertextas, ad formae decus hoc nouo cultu conciliandum. Te vero quicumque semel aspexit, Fabrici Comes, cui velut Aciliano facies inest liberalis, multo sanguine, multo rubore suffusa, & ingenua totiùs corporis pulchritudo, ac veluti quidam Senatorius decor; is non habet profecto, quod aliunde requirat characterem istum mansuetudinis, & beneuolentiae, familiae quidem tuae ab omni tempore proprium, sed peculiari tamen Gratiarum indulgentia, in Eminentissimo Patruo tuo, eodemque Mœcenate meo munificentissimo sic egregiè colludentem, ut sua nobili, & delenifica specie, seù mauis cum Arnobio, oris dignitate, omnium oculos in se conuertat, omnium mentes rapiat in sui amorem, ac desiderium. Nec mirum est sanè quod ijsdem illecebris, velut potentioribus philtris a natura donatus; publici quoque fauoris, & gratiae, partem aliquam sustineas. [page 16]

Veluti Parnassia laurus
Parua, sub ingenti matris se protegit umbra.

Hoc vero mihi potiùs dolendum est, quod nascentis tuae virtutis aspectu, & herbescenti tot florum amœnitate, quos hac tua vernanti iuuentute, in uberrimae messis antecessum, quotidiè praemittis, recreari praesens, ac refici non potuerim, neque pariter affectum meum, ac propensae meae in tua commoda voluntatis testem animum, viua voce, quae magis semper afficit, & praesenti velut obsequio propalare: non quidem ingenij tui fertilem agrum à doctissimo tuo Riccio singulari diligentia pridem excultum, noua curatione occando, vel repastinando, at vero secundis votis, & familiaribus etiam colloquijs, ipsum raptim, & qua saltem parte valerem, adiuuando, expoliendoque. Sed nihilo secius tamen officio meo defungar, quam si tibi praesens in transitu adfuissem. Et quemadmodum diuinis rebus operantes, in eam Cæli plagam ora conuertimus, à qua lucis incipit exordium, sic in ista mortalium conatus per studia nostra iuuandi ratione, quae res mihi planè sacra videtur, inexorientis tuae virtutis lumen praeclarissimum, undecunque possim respiciam, atque ea tibi de cultura inge- [page 17] niorum praescribam, quorum etiam si minimè omnium indigeas, quandoquidem.

Haec data cum fuerit talis praestantia membris,
Dij animam membris inseruere parem:

Mei tamen haud mediocriter interest, qui deuouere me ipsum generis tui gloriae, & consecrare constitui, quantum me sibi deuinxerit inusitata Io: Francisci ex Comitibus Guidijs à Balneo Patrui tui merito sanè quam Eminentissimi beneuolentia, hac arrepta occasione cunctis patefacere, simulque tuam promereri gratiam, & Excellentissimi Marchionis à Montebello Patris tui frequentioribus votis, quae pro optima institutione tua concipit libenter inseruire.

Et vero intuenti mihi saepius, Fabrici Comes, in istius quodcumque est negotij, hoc unum in primis mirum videtur, tot videlicèt homines, ingenio fælici, & longo rerum, ac scientiarum usu praeditos, qui istud in se operis pertractandum recepere Guarinos intelligo, Agricolas, Erasmos, Ringelbergios, & cæteros, qui apud Alstedium per saturam recensentur; eos inquam omnes in praeceptis tantum grammaticalibus, & cantilenis familiaribus, vel pueris de triuio, praeceptionum sua- [page 18] rum summam reposuisse, prolixasque commentationes edidisse de studiorum ordine, verborum apparatu, sententiarum copia, delectu phrasium, Auctorum imitatione, legendi, atque excerpendi, & recitandi modo, somni tempore, victus mensura, corporis exercitio,

& eiusmodi reliquis : quae longè satius erat moderatorum iuuentutis arbitrio relinquere, vel legibus iam in Academia receptis, vel discipulorum moribus, ac naturae conuenienter ordinanda ; nihil vero unquam praecepisse de studiorum usu, eorundemque ad varias artes applicatione, & generalibus illis documentis, quae mentem aperiunt, ac illustrant ; scientijsque & doctiorum actionibus hunc colorem superinducunt, absque quo mortuae prorsus iacent, aut saltem insulsae, fatuae, ridiculae, nec maiestatis suae pondus habentes, nec multum ab illis, quas Petronius in adolescentibus ridet, nondum lectione seuera mitigatis, vel Comici doctoribus, ac Paedagogis affingunt, remotae. Unde etiam nemini profecto mirum videri debet, si fermè omnes ab eiusmodi praeceptionibus instituti, postquam ex umbraculis domesticae illius exercitationis in publicam hominum lucem prodeunt. [page 19]

Hos populus ridet, multumque torosa iuuentus
Ingeminat tremulos naso crispante cachinnos

Non alia profecto de causa, nisi quod humanioribus quidem scientijs innutriti, sed illiberali modo, & seuera nimis, ac prorsus incondita methodo, dum se totos ponunt in addiscendis memoriter auctoribus, & ipsorum phrasi diligenter exprimenda, nihilque eorum, quae in usu habemus, audiunt, aut vident, laboris tandem improbitate efferantur, & deserunt cætera ; solutum, & puriorem dicendi modum abdicant, urbanioris vitae praecepta nesciunt : historiam negligunt, magistram, ac ducem bene, beataeque viuendi, de qua usus rerum omnium prouenit, & peritia tota Reipublicae constituendae, administrandaeque paratur, denique nec viam ipsi sciunt, qua itur in forum, nec locum, ubi aut Senatus habeatur, aut populus coeat, aut lites dirimantur : leges, decreta, edicta Ciuitatis, ignorant, studia candidatorum, conciliabula, comessationes, ne somniant quidem : talesque demum euadunt, ut si postea Praetores, iuridicundo sedeant, vel in Senatu sententiam rogentur, aut illis publicè dicendi, vel de negotio aliquo cum familiari, tùm politico tractandi munus imponatur, non [page 20] modo se in alium terrarum orbem delatos existiment, sed aliquando praesentibus risum excutiant, dum fatua, dum delira loquuntur, & deblaterant, totaque eorum non minus incompta, quam imprudens est oratio. Ut merito sanè Greci, genus istud hominum ματαιοτέχνουσ vocent, nomine quidem omni vitae instituto conuenienti ; Galli vero Pedantes, vocabulo minùs generali, sed rei tantum litterariae, eiusque asseclis congruenti : quoniam puerili tantùm iudicio, atque ineptijs praediti, ubi multum temporis nugando contriuerunt, Reipublicae penitùs inutiles efficiuntur, nec ad res serias animum possunt adducere ; non aliter profecto, quam si quarta luna nati forent, aut Ioue irato, in hoc sordidum, & illiberale litteratorum pistrinum detrusi. Quo factum est, nec immerenter quidem, ut sapientissimis illis Graecorum, & Romanorum temporibus, quae nobis exemplo esse debent, eius quod in studiorum ratione fuit praestantissimum, non aliquoties modo à grauissimis Auctoribus perstricti fuerint, bilemvè Satyricorum, & grande Persij sophos, ac vehementissimam Iuuenalis Nemesim commouerint, sed Comicorum praecipuè sales, ac dicteria in suum caput [page 21] velut Caecias nubes, & ventos attraxerint ; apud quos praeter Rusticos, anus, ancillas, milites gloriosos, & parasitos, qui turpitudinem ridiculam exhibebant, serui quoque, non postremum locum obtinuere, inertia sua, vel stultitia, aut calliditate, ludos facientes spectantium populo. Horum vero cum quinque genera constituerentur, secundum apellabatur ηγεμών quorum officium, suspicatur fuisse Iulius Caesar Scaliger, Heriles filios in Palaestram, in Ludum, ad sacra deducere, reducere domum, & comitari, qualis erat ille Geta Terentianus in Phormione ; Rufos autem eiusmodi paedagogos fingebant Graeci, capillis in coronae modum attonsis, protensis supercilijs accersita, fucataque vultus grauitate ridendos. Sed non defuere etiam, ex recentioribus viri certè graues, inter quos nostrates duos Michaelem de Montaignes, &

Petrum Charondam honoris causa nominabo, qui vitium hoc, tanquam ingeniorum pestem, & bonae menti prorsus inimicum, cane peius, & angue vitandum esse monuerunt ; ut nihil impraesentiarum de Buchanano, & Palingenio dicam, qui stylum acuere non semel visi sunt aduersus tales, & tàm ineptos iuuenum cultores, [page 22] quorum moribus, & instituto sic infensum se praebuit, posterior ille, non minus re, & praestanti doctrina, quam nomine Stellatus, ut susceptam plagosi cuiusdam Orbilij descriptionem non potuerit tandem aculeatis istis, & mordaci sale respersis versibus non absoluere.

O caput elleboro dignum, sic pectora caeca
Imbuis, & rerum ignaros hac fruge saginas,
Hoc sale conditur tenera, & petulantior aetas !
O corruptores non cultores puerorum !

Quae quidem omnia, eo fusius, ac libentiùs à me, de hac corrupta, & deprauata, cùm docendi, tùm discendi methodo dicta sunt, Fabrici Comes, quoniam ex ipsa tanquam Lernaea quadam, Palude, aut Pandorae pixide, cætera mala in communem studiosorum vitam deriuantur, quae nunc sub tuo ductu, ac felicibus auspicijs exagitanda, profligandaque desumpsimus ; sic enim usus fermè semper obtinuit, ut praeterquam re vera, qui inter Scholasticas concertationes tantum nutriuntur, minus apti rebus gerendis euadere solent ; hoc insuper litteratorum nomen, velut quoddam malum omen, & si fas ita loqui, peccatum originale, secus afferant, in quod postea, quid- [page 23] quid ipsi, vel sorte, vel humanitùs, aut ineuitabili necessitate peccauerint, soleat à male feriatis quibusdam, & parum beneuole iudicantibus statim reijci, cum tamen reliquorum erroribus, qui nulla, vel admodùm mediocri litterarum imbuuntur tinctura, mille ab ijsdem excusationum species praetendantur, quiduis aliud quam hoc eruditionis nimiae grande nefas, in culpam vocantibus. Et sane quantum ad me attinet, parum quoque ab illis dissentirem, si mitius, ac modestius, cum his omnium innocentissimis hominibus se gererent, qui longà iam obseruatione didis[ci ?], nihil aequè obesse artibus ingenuis, ac liberalibus studijs, quae mores emolliunt, & temperant, ac homines bene cordatos, habilesque ad quiduis laudabiliter tractandum efficiunt, quàm vitium istud prauae educationis, quo post modum velut excaecati, & Andabatarum more, in omne genus vanitatis, ac stultitiae, & erroris feruntur praecipites. Quare in hoc praesertjm unum, totis mihi viribus incumbendum esse intelligo, ut proposita iam ob oculos istius labis deformitate, quam optimi, & ingenui adolescentes pedentim à Scholis contrahunt, eius etiam declinandae rationem in [page 24] medium afferam ; quod instituti nostri videtur esse praecipuum ; illo non quidem obice à studiorum cursu semel amolito, nihil amplius impedire potest, quo minùs ipsa liberalia censeantur, & libero homine, hoc est ad omnem ciuilis vitae cultum, & elegantiam composito dignissima. Hoc autem quo facilius consequar, totius praeceptionis, quae ad istud potissimum necessaria iudicatur, duas partes visum est mihi constituere, quarum altera discendi, & Lycaeum Academiamvè frequentandi munia praescribet, altera vero studiorum fructum, ac utilitatem omnem, ad quaeuis officia ciuilis vitae gnauiter exercenda, per bonae mentis aquisitionem, sapienter conuertet ; simulque modum assignabit studijs ipsis legitimè utendi, & ab ijs praecauendi, quibus durior plerunque, ac asperior experiri solet, familiaris eruditorum hominum consuetudo. In utriusque vero partis tractatione, generalibus praesertim documentis insistam, cùm particularia non nisi difficillime praecribi possint, aut in artis, vel scientiae methodum reduci, ipsaque mentis, non secus, ac corporis in unoquoque homine medela artificum industriae relinquenda sit, quorum interest maxime uniuersalis artis suae re- [page 25] gulas, ad particulares subiecti, quod prae manibus habent, differentias accomodare.

Quemadmodum igitur magnum iter ingressuri Mercurio litant, Deosque viales sibi propitios reddunt, quorum Auspicijs feliciter progrediantur ; & ipsi Nautae cum in altum feruntur, Cynosuram continuo respiciunt velut nauigationis susceptae ducem, sic & adolescenti, in Herculis Biuio primùm insistenti, varij quoque ab optimis auctoribus praestituti fuere duces, per quos tanquam per media quaedam omnino necessaria, mens illius, à carceribus suae cupiditatis, ad destinatam scientiarum metam perueniret. Quamuis tamen ingenuè fatendum sit, non minorem in ipsorum assignatione varietatem, & confusionem statim depraehendi, quam in caeteris rebus, de quibus diuersi unquam homines, aliquid suo modo, vel genio statuere voluerunt. Si quidem insignis ille Philosophiae Platonicae Vindex Marsilius Ficinus, praeceptoris sui vestigijs inhaerens, qui superstitiose multa prosequitur, nouem itineris huius Duces constituit, quorum primi quidem tres in Cœlo, tres sequentes in anima, postremi tres in terra nos deducant ; Undè, si quid illi credendum, [page 26] Mercurius ille Cœlestis, qui primus omnium occurrit, ut inuestigando Musarum iter ingrediamur, vel impellit, vel adhortatur ; deinde Phoebus ipse, animos in causarum inuestigatione desudantes ; & res quaesitas, splendore uberrimè sic illustrat, ut perspicuè illud ipsum quod latebat, à nobis inueniatur. Accedit gratiosissima Venus, cuius mirificà quadam, & salutari voluptate circonfusum hoc, quod instigante Mercurio quaesitum fuit, & monstrante Phoebo iam erat inuentum, delectet semper, & prosit : Sequuntur posteà apud eundem, tres itineris huius Duces in animo, nempè voluntas ardens, & stabilis ; acumen ingenij, & memoria tenax : Tres vero in terra postremi sunt, prudentissimus pater familias, probatissimus praeceptor, & Medicus doctissimus : ac caeteros quidem Duces Deum, & naturam ab initio nobis largiri, tres autem reliquos, à nostra diligentia pendere contendit ; Omnes vero sic necessarios esse, ut absque ijs nouem Ducibus, neminem unquam ad ipsum Musarum templum peruenisse confidenter asserat. Neque magis ad rem appositè locutus est Paulus Scaligius, dum in quouis studio quinque meditanda proponit, primum, ut in [page 27] contemplatione

Diuinitatis impendatur, & finem sibi constituat diuinum, dein, ut ordinem obtineat tendentem ad bonum Uniuersi, non priuatum : postmodum, quod non vi, sed sponte suscipiatur, idque cum uniuersalissima rerum omnium, quae ad ipsum pertinent cognitione, & iudicio nulli, praeterquam unicae Veritati mancipato. Istis vero paulo antiquior Anonymus quidam, melius aliquantis percollimasse mihi videtur, licet eius sententia Leoninis versibus alligata, parum venustatis, & gratiae, duobus istis, quibus integra compraehenditur afferat.

Multa rogare, rogata tenere, retenta docere
Haec tria discipulum faciunt superare Magistrum.

Quibus addam libenter (parcant mihi Virgiliani Manes, & quidquid in Helicone reperitur arida modo pumice expolitum) sex alias claues, quas non admodum elegantiori carminum genere à praeceptore suo compraehensas, magni semper fecit, vir supra quam barbaries saeculi sui ferebat in omni litterarum genere versatissimus Io : Sarisberiensis, Carnuti, quae Ciuitas est Galliae, Antistes meritissimus, à quo sic in opere de nugis Curialium hoc or- [page 28] dine recensentur, explicanturvè acuratissima singularum declaratione.

Mens humilis, studium quaerendi, vita quieta,
Scrutinium tacitum, paupertas, terra aliena,
Haec reserare solent multis occulta legendo.

Sed quo paulatim ad antiquiores illos, & melioris aeui retinentes, rectè loquendi, & sentiendi magistros acedamus ; en Ausonij nostri Burdegalensis versatilis Musa, ludentisque calami mira faecunditas, Demosthenis ea de re iudicium perbreui sanè hoc Epigrammatè, sed multis tamen obstructo difficultatibus compraehensum nobis offert ?

Discere si cupias, doctis quam multa licebit?
Quae nosti, meditando velis inolescere menti,
Quae didicisti, haud dum, discendo absumere tendas.

Sic enim illud exhibent typographi recentiores, cum tamen ante septuaginta annos Aldinus codex, & Gryphius postea liquido haberent in primo versiculo Doctus, quae vox male intellecta fucum proculdubio fecit disertissimo Eliae Vincto, cuius opera, atque industria, Ausonij monumenta emendatiora, explicatioraque habemus, Hic enim, uti probum Virum, atque ingenuum decebat, sincere fatetur, [page 29] se mentem huius epigrammatis assequi non valuisse; quam paulo post Hugolinus quidam Martellius, operae prætium esse duxit integro volumine declarare, sed satiùs illi profecto fuisset micare digitis, aut cucurbitas pingere, cum huic potiùs, tam spissum velut sepia attramentum infuderit, ut illud vix eluere possit quidquid est aquarum in Hipocrene, & Pegaso, adeo singula quaeque verba male torquendo, quo sex in illis gradus ad expeditè discendum inueniret, omnem fermè Epigrammatis sensum corrupit, qui sic, meo quidem iudicio, restituendus est, ut nihil aliud sibi velit Ausonius, nisi modum edocere, quo docti homines multa loqui, & dicere possint ex tempore, qui quidem modus in hoc tantum consistere videtur, ut, quae iam optimè norunt, velint ea inolescere menti, id est firmiter inserere, ac imaginationi, & ingenio commendare, quem admodum eodem sensu dixit Agellius *Natura induit nobis, inoleuitque* quae vero nondum bene didiscerint frequenter dicendo, & repetendo adsumere, & altius memoriae infigere conentur, sicque totum Epigramma lego, & interpungo.

Dicere si cupias doctus quam multa, licebit. [page 30]
Quae nosti, meditando velis inolescere menti,
Quae didicisti haud dum, dicendo adsumere tendas.

Denique cum Diuina philosophiae Syren, Platonem intelligo, tria tantum in studioso desideret, nempe, ut sit discendi cupidus, veritatis amans, & laborum patientissimus, nihilque requirat in Philosophiae candidatis mortalium, vel Apollinis iudicio, sapientissimus, praeter acumen ingenij, memoriam, studium, & ardorem discendi, tolerantiam molestiarum, quae discendo sunt exantlandae, veritatis amorem, ac demum, ut omne suum tempus eiusmodi studijs libenter impendat ; quibus non ad modum dissimilia ; artis suae tyronibus iam diù ante praeceperat, Medicinae praecipuum Numen Hippocrates, naturam in illis, locum studijs aptum, industriam, tempus, doctrinam, & exercitationem, desiderans. Horum certè omnium vota compraehendisse, & in meliorem ordinem redegisse videri iure merito potest alterum ab ipso Hippocrate Medicorum decus, Claudius Galenus, ille siquidem libri de Constitutione artis cap. 6 septem velut praeparationes in adolescentibus requirit, antequam altioris philosophiae penetralia subeant, quas [page 31] animus mihi est paulo diligentiùs examinare, quandoquidem sunt veluti quaedam praeludia, & propaedumata ad reliquas artes commodiùs addiscendas ; quae & tibi, Fabrici Comes, & caeteris, qui in humanioribus litteris erudiuntur, non mediocri etiam adiumento esse possunt. Quanquam nunquam ego existimarim, ità pertinacitèr in singulis tibi esse inhaerendum, quasi absque uno, vel pluribus ipsorum in doctissimum aliquando, & sapientissimum hominem euadere non possis. Natura igitur primum à Galeno desideratur ; non illa quidem, quam pro temperie, vel facultate corporis rectrice, alibi medicorum usui conuenienter usurpauit, verum, pro hac ingenij, & mentis facultate, quam intelligit Cicero in Oratione pro Archia Poeta, ubi asserit *Se multos vidisse homines excellenti animo, ingenio, ac virtute fuisse, & sine doctrina naturae ipsius habitu propè diuino.* Quo fermè sensu eandem definiuit Arist. lib. I. Analyticorum cap. ult. & section. xxix. problematum, problem. vij. subtilitatem quandam ingenij, medij in non perspecto tempore inueniendi : Undè non parum refert utrum quis ad isthaec Musarum sacra, naturam afferat, Palamedis ; aut Thersitae, Aristotelis, aut [page 32] Margitae, Ciceronis, aut Bambalionis. Quoniam nisi probè à natura affectus fit animus, qui scientiarum omnium ager est, sed contra fit ingenium hebes, iudicium immaturum, fallax memoria, vix, ac ne vix quidem, semina sapientiae poterit accipere ; ut enim è quouis ligno non fit Mercurius, sic nec ex quouis homine philosophus, sed quemadmodum inter lapides, quorum nomen, hac forte ratione Graeci, hominibus inditum esse voluerunt, cum ipsos λαοῦσ apellauere, alij sunt vulgares, obscuri, terrestres, scabri, rudes, ingrati, vilioribus tantùm aedificijs inseruientes, alij vero micant continuo, fulgent, lucescunt, ardent, stellantes demum, ac perspicui, & praetiosissimi aparent : non secus inter homines, alij plebei sunt, barones, bardi, stupidi, quid distent aera lupinis vix dignoscentes, ut credibile est quondam fuisse Coraebos, Macconas, Myrichos, & siqui praeter ipsos stultitiae fama, longa temporum seriè, ad hanc usque aetatem peruenerint ; Alij vero sublimi genio pollentes, & suo praetio commendati, quales apud antiquos extitisse legimus, mirabiles illos extemporaneae orationis artifices, Prodichum Chium, Carneadem, Chrisippum, Protagoram, Gorgiam [page 33] Leontinum, Hippiam, & reliquos eiusmodi Sophistas, qui in publicis Graeciae conuentibus de quocumque Scibili, imparati dicebant, ad miraculum usque docte, & eleganter. Apud nos vero Io : Picum Mirandulanum, Tiberium Russilianum, Iacobum Mazzonium, Eminentissimi Patrui tui in humanioribus studijs praeceptorem, Paulum Scaligium, Hieronymum Butigellam, Antonium Persium, Iacobum Critonium, Eduardum Moninium ; qui de omnibus scientijs, in ipsa pubertate respondentes, ingenium videntur obtinuisse ad omnia factum, mentemque totius uniuersitatis rerum capacem, qua praeeunte nihil non peruium illis offerebatur, nihil non retegebatur absconditum ; ut merito, quemadmodum Demosthenes primas in Oratione detulit pronunciationi, sic iure Galenus naturam, ingeniumque praelucere voluerit liberalibus studijs, & sapienter institutae iuuenum educationi. Secundum vero, & tertium, quae post naturam desiderabat Galenus haec erant, nimirum, ut pueri statim ab unguiculis laudabiliter, & ab optimis praeceptoribus instituantur non aliter prorsus quam apud Horatium.

Fingit Equum tenera docilem Ceruice magister [page 34]
Ire viam, quam monstrat Eques.

Multum siquidem refert, illos molles adhuc, & ductoris pollicem spontè sequentes, laboribus assuefieri, & informari ad virtutem, priusquam domestica indulgentia corrupti, vitia cum intelligant, tum degustarint maxime cum propter efferuescentiam cupiditatum, & quod nondum in illis adulta sit ratio, quae postea quam bene confirmata est, vix etiam videtur posse, senes, & aetate prouectos homines, ab omni errato, & culpa, cohercere ; multa in hanc aetatem cadant, quae sunt interdum vitio propiora, quam virtuti : & recte monuerit Marcus Aurelius Imperator, eum, qui in hoc primo, & praecipiti aetatis flexu non cadit, non posse saltem non grauiter titubare : Quare optimis statim praeceptoribus committendi sunt, à quibus & virtutum prima rudimenta suscipiant, & ea maturè doceantur, quorum gratia nomen, ac aestimationem sibi deinceps volent comparare, nam

Venaticus ex quo
Tempore, Ceruinam pellem latrauit in aula,
Militat in syluis Catulus,

Inquit idem Horatius. Et vero, licet multos olim αυτοδιδαητησ repertos fuisse non ignorem, [page 35] qui sua industria nullius adiuti ministerio, illud etiam dicere possint, de quo se iactabat Cytharoedus quidam apud Homerum ; Ex me ipso edoctus sum, neque alius mihi nisi Deus menti, animoque tot numerosas indidit cantilenas, quemadmodum Heraclitus Ephesius, quem narrat Plutarchus, nullo commonitore, & commonstratore, philosophiam omnem percepisse ; & Manlius Eques, factus, si Plinio credendum, nullo praeeunte, doctissimus ; & Apuleius, qui hoc de se prodit, primo fabularum ; Epicurusque annuente Tullio ; & Virgilius, referente Petrarcha ; ac demum Diuus ipse Augustinus, qui lib. 4. confessionum gloriatur, semetipso legisse liberalium artium libros, & intellexisse : Nostrisque similiter temporibus, multis emergere, absque praeceptorum opera contigerit, ut Petro Ramo in philosophiae studijs ; Mureto in arte oratoria, Guillielmo Postello, in linguarum penè omnium, Hebraicae vero praesertim cognitione ; Cuiacio in Iurisprudentiae notitia, Philelpho denique, ac Budeo, in omnibus humanioribus litteris : licèt, inquam, plures alij sua sponte, & natura, bonas, & Musicas artes potuerint addiscere, breuius tamen hoc iter illis fore, & compendiosi- [page 36] us semper existimaui, quibus praeceptores aliqui, aut saltem praemonstratores studiorum, & comites adiunguntur, qui non modo, eo iam eruditionis, & doctrinae, suis laboribus prouecti sint, ut merito possint aliorum informationi praeesse ; sed qui praeterea, rerum aequè ac scientiarum usu polleant, nec minus exploratam habeant, communem viuendi, quam docendi rationem. Atque haec tria Galeni vota, quartum sequebatur, videlicet, ut Musarum sacris initiatus, per continuos labores, ac honestum sudorem ingenium suum magis, magisque expoliat, nunquam in currendo defatigatus non anhelus, nec suspiriosus, sed quo longius spatium est, ità in eo penitus emetiendo se vehementius inflammet, & accendat ; secumque reputet, laborem vocari ab Euripide honoris patrem ; & neminem sibi, ex voluptatibus laudem quaesiuisse. Cum Dij ipsi, cuncta nobis laboribus emenda tradiderint, & ipsorum imitatione Ægyptij, ac omnes fermè Greciae populi, sapienter cauerint, ut inertes, & ociosi, per totum vitae spatium, inglorij, ac ignobiles haberentur : Romani vero forti Fortunae, quam vacuanam, & ociosorum patronam apellabant, nullum in Urbe Templum, sed [page 37] Transtyberim aedificandum esse censuerint, ut inertiam omnem animorum, ac studiorum pestem, a bene institutae Ciuitatis finibus, procul arcendam indicarent.

Quae omnia si eo tantum ab Auctoribus referuntur, ut ad sellularias plerumque & ignobiles operas oppido persequendas homines excitent; tum vero maxime iuuenes, urgere, atque impellere debent, ut liberalibus, quarum cognjtione nulla est iucundior, nulla pulchrior, aut humanior omnem animum, omnem conatum, & impetum fortiter applicent; tantoque libentius, in id unum, sibi incumbendum esse reputent quanto res praestantissimae longe carius emi solent, quam viles, & unicuique passim obuiae, ut enim rectè quidam non infimi spiritus Poeta.

Nocte graues somnos resolutus compede fossor
Carpit, & in medijs Nauta quiescit aquis.
Nocte tibi nigrae est fuligo bibendae lucernae,
Si modo Calliopes castra sequenda putes.

Et vero si magnorum virorum exempla quidquam ad hoc persuadendum valent, non desunt sanè illustria; Plinius siquidem, somni homo parcissimi, inter cœnandum, libros sibi legi saepius iubebat, & Romae sellà vehebatur, ut facilius posset lectioni incumbere; Similiter de [page 38] Catone Uticensi refert Valerius, eum nec in Curia quidem, dum Senatus haberetur, sibi temperasse, quo minus Graecorum libros lectitaret, & Origenes, ut ad nostros deueniam, nunquam manus habebat pugillaribus vacuas, nec cibum libenter sumebat, cum eruditioni suae accessionem aliquam factam non arbitraretur; sic Diuus Hieronymus, dentes sibi limà abraserat, ut liberiùs, ac faciliùs posset linguam Haebream pronunciare; & perpetuo aliquid meditabatur, quod ad Dei Tribunal afferret: sed quid antiquos commemoro? cum duo Galliae lumina Budeum, & Turnebum ipso nuptiarum die, bonas aliquot horas studijs impendisse, tam certum sit, quam quod est certissimum; imo vero ità improbi, & pertinaces quorundam fuere labores, ut suspiciendi potius quam imitandi veniant; Egredientibus Bononia si ad Orientem iter flectant, locus ostendi solet, Sancti Victoris nomine, in quo celeberrimus iuris interpres

Bartholus, triennio quasi sepultus mansit, ut Imperatorias sanctiones penitùs addisceret ; nec desunt apud nos, qui fidem obstringant, Theodorum Marsilium Regium in Academia Parisiensi professorem, ita studijs addictum vixisse, ut decem [page 39] annos integros, ne pedem quidem extulerit, extra Collegij Plessaei Limen, ubi primum Academiam ingressus, sedem Musis suis elegerat ; sed haec, monstrorum loco habenda sunt, & scopulorum instar, ad quos elegantioris doctrinae studiosi nunquam debent impingere, si bonae mentis opinionem sibi seruare velint, vitamque a communi studiosorum rusticitate, atque ut ita dicam αφιλαντρωπια liberam ducere. Adiunxit postea Galenus methodum, ac ordinem, exemplo naturae, & quae nihil absque ordine meditata est, vel effecit unquam, propterea que Plato ipsum esse dicebat, scientiarum, ac artium omnium formam, & Socrates, se eius libenter tanquam alicuius Dei vestigia secuturum asseruit, qui rectè posset distribuere, tanta vis inest appositae rerum tractationi ! tam praeclara res est, & omnino necessaria methodus ! seù illa seruetur in Academicis, vel forensibus negocijs, in artibusvè mechanicis, aut liberalibus. Imo vero quemadmodum, nisi debito tempore, occationes, repastinationesvè, & tertiationes, quae methodus est Agricolarum, campis afferantur ; nisi paululum interquiescere permittantur, Cœlique diuersas tempestates opportunè excipiant, quantumcumque sua na- [page 40] tura fertiles sint, & uliginosi, ipsi tamen pro frumento rubos, pro siligine sentes, pro tritici delitijs infelix lolium, & quisquilias afferent ; pari modo iuuenis animus, nihil unquam egregrium in studijs praestare poterit, nisi prius, mentem suam confusione liberet, & medicorum instar, qui liquida solidis, & coctu facilia in stomachum praemittant, à facilioribus incipiendo, viam sibi ad difficiliora muniat, omnia suauiter disponens, artesque & scientias per partes addiscens, absque ulla obetratione [abstractione ?], quia varijs anfractibus animum distrahit, nec permittit eum huic se negotio tantum, quod prae manibus habet familiariter applicare : Quod si tanta vis inest optimae dispositionis in oratione, ut alicui, ex placitis Rethoricae dicenti, aures suas teretes, ac purgatas unusquisque statim accomodet, & quidquid ipse proferet, velut à benigno quodam, & plusquam Amalthaeo cornu defluum accipiat; quam suauior debet esse harmonia? quam iucundius melos? non quidem diuersarum fidium, non multiforatilis tibiae, vel disparium calamorum, sed Graecorum cum Latinis, Oratorum cum Poetis, diurnae lucubrationis cum nocturna, laboris cum quiete, iocorum cum studijs, in uno simul iuue- [page 41] ne, sapientissima prorsus, & admirabili methodo, rectè inter se conuenientium. Verum tempus est, ut ad duo postrema descendamus, quibus, Vir ille doctissimus, disciplinae cuiusuis praeludia conclusit, nempè veritatis amorem & crebram, ac continuam exercitationem; quamuis de veritate pauca hic à me dicenda sint, qui in altera huius Syntagmatis parte, de eius utilitate & inuestigatione me dicturum spero, interim illa, si quod vis aliud, Tyronibus nostris maxime necessaria est, ut omnibus etiam alijs, quicumque eam vitae ingredi rationem sibi proponunt, ex qua scientia animo adueniens, tanquam oculis lux, tutissimum iter reliquum praestaret, ea siquidem lux in Panathenaicis, quod monet Tyrius, comparari non potest, nec viae ad ipsam ducentes nugae sunt, aut deliramenta verborum, non villicae curationes, nec forensia negotia, verum amor veritatis, & existentium rerum speculatio, quae huic negotio impendatur. Exercitatio denique multum etiam hic obtinet momenti, quandoquidem, ut inquit Arist. rerum expertos videmus magis id quod intendunt consequi, quam illos, qui rationem absque usu & experientia tenent, unde si in eloquentiae, vel poetices stu- [page 42] dijs stylus non exerceatur, si in theoretica philosophia contemplatio frequens non adsit, aut in practica usus, & exercitatio negligantur, caetera parum, aut nihil iuuare poterunt, ac fermè ut experientia nos docet, quod,

Ferrum dum transit in usus,
Assiduo splendore micat, vultuque nitenti

Audet ad argenti decus aspirare superbum;
At si longa quies ierit, fuscatur, & atram
Vertitur in scabiem, celerique absumitur aeuo.

Eodem etiam propemodo dicendum est, mentem nostram desidia flecti, otio torpescere, & nimia quiete sensim debilitari; quae si diligenti usu, assidua lectione, & iugi contemplatione exerceretur, difficillima quaeque facili negotio intelligere posset, & miraculum sui in hominibus excitare. Atque haec sunt, Fabrici nobilissime, quae sapientissimi homines ad expeditam discendi rationem velut praerequisita, & isagogica suis in libris desiderauere, in quorum explicatione si diutiùs immorari visus sum, quam forte rationi consentaneum iudicabitur, id omne feci, cum tua, quem vehementer delectare solent huiusmodi praeceptiones, tum aliorum praesertim de causa, quos non possunt non aliquo modo iuuare; aliquo modo dixi, quo- [page 43] niam nec illas si libenter se obtulerint negligi vellem, nec si non se obtulerint, vehementer requiri: Natura cuiusque, quae nihil ex omni parte beatum effecit, aut meditata est unquam, sibi viam per incognitos plerunque calles ad ardua moliente, & supplente, auxiliorum, quae ad id necessaria iudicamus defectum, per alia quaedam noua, & inexcogitata, ut nobis exemplo sint hominem, quemadmodum innuit Cicero varia habere instrumenta ad obtinendam adipiscendamque sapientiam, & ipsam naturam Vertumni cuiusdam, aut Protermodo, varias species induere, nec ullis legibus, aut vinculis posse alligari, & re vera videmus plerunque multos esse ingenio admodum hebeti, & obtuso, qui tamen labore, & diligentia tarditatis suae damna rependant; alios aetate prouectiori vix è carceribus soluisse, qui nihilominus ingenio suo adiuti, prius quam reliqui metam attingant; quosdam denique vix praeceptionibus operam dedisse, aut studijs, exercitationi, methodo tempus impendisse, qui propter alias dotes nihilo secius feliciter, quam caeteri cursores, stadium absoluant; ut haec omnia propedumata non tanquam absolute necessaria, sed facilioris tantum, & expeditioris doctrinae [page 44] gratia, cum à Galeno, tùm ab illis proposita videri possint, quorum praeclaris opinionibus si meae lacinias licitum mihi esset attexere, tria tantum proponerem, quae unicuique ad eruditionis, & doctrinae decus anhelanti omnino praestanda sint, videlicet, ut planè, rectèque percipiat quod discit; ut fidelitèr, quod percepit contineat, & ut ex eo aliquid ipse deinde parere, proferreque valeat: Primum diligentis lectionis est opus, Secundum fidae memoriae, Tertium assiduae exercitationis; Omnia vero sic inter se cohaerent, ut mutuis inter se connectantur auxilijs, & unum sine alio vix quidquam laude dignum possit efficere; siuè enim quis proprio tantum, vel praeceptoris ductu, & tarde, vel maturè, aut cum ordine, vel confusè, operam litteris impendat, nisi tamen, quae legit probè percipiat, & quae percepit fideli memoria reseruet, ex ipsisque tandem aliquid in suum, aut aliorum usum eliciat, non video quem demum possit tot lucubrationum, quae studijs impenduntur finem adipisci. His igitur tribus velut pedamentis, & fulcris inixus adolescens, liberalibus disciplinis instituendus; debet illas in primis domi quidem, non in Gymnasiorum ergastulis, quemadmodum apud [page 45] Gallos praesertim fieri consueuit addiscere; ut propterea longè melius ab Italis, liberorum suorum educationi consultum fuisse existimem, qui praeterquam quod, furentium plerunque quorundam Hamillorum inclinationes, hoc modo deludunt, sibique à publico dedecore praecauent; hoc etiam insuper lucri faciunt, ut minus inficiantur liberi, vitiorum colluuie, quae illic tam variè spectantur, quam diuersae sunt eorum, qui in eiusmodi locis simul recluduntur naturae: Praecipue vero cum expulsa iam, aut verius extincta, illa maiorum nostrorum probitate, qua feroces iuuenum animos, & in omne vitium procliues, adeo seuerè cohercebant, ut Claustris emissi, nimia tantum simplicitate, ac morum rusticitate peccare depraehenderentur, summa quaedam, & intolerabilis omnino peccandi licentia, eius locum occupet, qua non secus ac medicamine praepotenti, vel magico carmine, noui studiorum moderatores, abactos hinc, & inde ex aliorum Scholis discipulos, in suas allicere certant, omnia illis praeter solœcismum in Themate indulgentes : ut non amplius tanti faciendae sint publicae exercitionum scholae, propter aemulationem studiorum ; postquam fieri non potest, quin simul afferant aemu- [page 46] lationem vitiorum. Domi igitur adolescentem volo, qui parentum exemplo, mores sibi fingat ; domesticorum conuictu, solertiam excitet ; amicorum colloquijs, libertatem cum loquendi sapienter, & modestè, tùm adeundi aetate prouectiores, aut principes, aequalesvè salutandi, & moribus loci, ac temporis conuenit, accipiat ; mercatorum, & artificum familiaritate, res quarum usu carere non potest, & intueatur, & cognoscat ; omnes denique suas actiones ad urbaniorem viuendi modum componat, Celeuste in omnibus, & praecurrente, ac honestum, & decorum in singulis praemonstrante, doctissimo simul, ac sapientissimo praeceptore ; qui ipsum liberali modo, ac nobili prorsus, & generosa methodo, de animi moribus, vitae officijs, & ingenij dotibus, ac disciplinis, siuè sedens in Museo, siuè obambulans in Horto, siuè unà, si casus tulerit, iter faciens, familiariter admoneat ; sibique triplicem hunc finem proponat, ut pari cum doctrina virtute, & morum elegantia instructus, adolescentem quoque suae institutioni commissum, non minus probum efficiat, quam litterarum intelligentem, & urbanum. Iacienda sunt enim in hac aetate fundamenta bene viuendi, non secus ac bene [page 47] dicendi, & formandus ad virtutem animus, dùm tener est, & facilis quamlibet impressionem admittere, quae ut tunc erit, ità & in uniuersa vita seruabitur : verum quo praeceptor huic se muneri felicius accomodaret, vellem hunc Horatij praecepta secutum.

Aetatis cuiusque notandi sunt tibi mores,
Mo[bi]libusque decor, naturis dandus & annis.

Explorasse diligenter, quae nam sint, aetatis cuiusque & adolescentiae praesertim virtutes, ac vitia, vocatis in consilium, aut eiusdem Horatij libro ad Pisones, aut Rhetoricorum Arist. 2. in quibus ipsa non minus docte quam eleganter, & copiosè delineantur ; ut despicere posset siquid ipsi committant, quod sit virtuti alienum, atque officio, num id ex eo genere crimen sit, quod ad bonum morem corrumpendum valeat, an quod ab aetatis, & adolescentiae, quasi fermento quodam, fuerit profectum, istud enim leui tantum admonitione indigere videtur, prius vero grauiori aliquantum censura, sed quae tamen ab omni impetu, violentia, & praecipiti asperitate immunis existat ; ne vel ad illiberalem animi timiditatem se abijciant, quae vires ingenij potissimum eneruat, naturaeque igniculos in pueris extinguit ; vel si fuerint [page 48] natura contumaciores, nitantur in aduersum : & vero si rectè cogitamus, cum nemini expediat metu contineri in officio, minimè omnium conuenit adolescentibus, quorum praesertim animos ad decus, & ad honestatem cupimus informare. Quamobrem non morosus erit Praeceptor, non asper, aut singula curiosius inspectans, ullamvè in partem immittis, aut truculentus, sed facilem, & indulgentem praebebit se discipulo, cuncta illi supeditans, quae, vel honestè, vel utiliter desiderare potest, siuè equis ille oblectetur, seù canes ad venandum appetat, seù libris, aut vestibus capiatur, haec enim omnia si grauiter, atque magnificè, non per indulgentiam concedantur, mirum quantum in animo illius excitabunt, & ad amorem, & ad reuerentiam stimulum ; infirmus enim & debilis virtutis custos metus est, & errat longè mea quidem sententia, qui imperium in discipulos grauius, & stabilius esse putat, vi quod fit, quam quod amore adiungitur, ut proinde non iniuria quidam dixerit,

peragit tranquilla potestas
Quod violenta nequit, mandataque fortius urget
Imperiosa quies.

Omnino autem legitima cum ingenuis tractandi [page 49] methodus hoc requirit, ut studio laudis, excitentur ad officium, incendanturque amore gloriae, & virtutis, unde in illis oritur generosa quaedam inuidia, & sine odio de laude, probitateque contentio. Hoc autem consequi facillimum erit si non perfunctoriè exerceantur in historiarum lectione, illustriumque virorum elogia, aurea prorsus, & magnifica dicendi ubertate, à Paulo Iouio, Sammarthano, Uberto Folieta, & Pignorio litteris consignata frequenter euoluant, in quibus, & stylum ad eloquentiam, acuere poterunt, & animum ad Eroicae virtutis imaginem componere; nam si P. Scipio, & Q. Fabius, quod omnibus fere generosis mentibus usu venit, illustrium virorum contemplandis imaginibus excitari se magnopere dicebant, quae res Themistocli quoque desiderium ingessit, ut Miltiadis honoribus, aliquando posset obstruere, & Iulium quoque Caesarem visa Alexandri Magni Imagine ad summam rerum accendit; quid consentaneum est euenire cum tot virtutum exempla conspicient, tot facinora velut oculis ipsis usurpabunt, quae vel ignauissimos homines possent ad virtutem inflammare. At vero cum bene, praeclaraeque viuendi constituta ratio nunquam [page 50] eo per se attingere possit, ut ex humanioribus litteris, plurimum non modo ornamenti, sed etiam incrementi non recipiat; cùm ab Agellio humanitas ipsa non solum dicatur esse philantropia, & insitus in hominem natura amor, sed etiam παιδεια, siue institutio, qua reddimur ciuiliores ad societatem publicam, harum praesertim humaniorum scientiarum ope, quae iam communi modo loquendi complectuntur quidquid pueri discunt post grammaticam ad maturius usque philosophiae studium; rationi proinde consentaneum esse videtur, & syntagmatis ipsius methodo; ut absoluta iam, quae de moribus est, & communibus ad rectè docendum praeceptis tractatione, ad eam nunc deueniamus, quae de studiorum ordine, ac progressu tractare debet. Enimuero vis diuina animae nostrae, quae rerum scientias, & formas capescit, quaeque ingenium dicitur Philoni Iudeo; & quam ex Seneca, qui certo ordine, methodoque exercent, scientes; qui sublimius indagant, ingeniosi; qui sapientius, iudicio praestantes; qui altius, memoriosi, qui perfectius, docti; qui utilius, sapientes appellantur; hoc inquam ingenium hominis cum multis scientijs ornare se possit, ut philosophia, Ma- [page 51] thematicis, Theologia, Iurisprudentia, & similibus tum maxime una, quae Humanitas dicitur est, quae fundamentum aliarum, unde homines humaniores, cultioresque fiunt. Haec vero non adeo angustis ex se finibus circumscribitur, quemadmodum in scholis receptum est ipsam definire, sed decem partes compraehendit, videlicèt, linguarum notitiam Latinae praesertim & Graecae, (nam Haebraicam, Caldaicam, Syriacam, Arabicam, magis amant Theologi,) eloquentiam, Poeticam, Geographiam, Chronologiam, Historiam, Antiquitates, Fabulas, & Criticam, siuè librorum censuram; de quibus pauca sigillatim, praecipienda sunt. Et quidem quantum ad linguarum studium pertinet, duplex illud esse statuo; Ciuile unum, seù mauis politicum, Gallicae, Germanicae, Hispanicae, vel aliarum, quae nunc inter praecipuas Europae nationes usurpantur, peregrinationibus, tractandisque vel proprijs, vel aliorum negocijs, haud mediocriter utile, quod extra scholas commodè addiscitur. Epistemonicum aliud earum omnium, quae ad scientiam faciunt, inter quas latinae, quod iam dixi, & Graecae cura praecipuè habenda est. Sed quo ipsa liberalis tandem esse incipiat, duo [page 52] praeceptori, ac totidem discipulis seruanda propono. Primum quidem, & grammaticae regulis, quae breuissimae semper esse debent, familiares discursus, & colloquia ad ipsarum praxim intermisceantur; auctorumque lectio statim accedat, quorum interpraetationi, Neoptolemus noster collectis ingenij sui viribus primum insudabit; memoriam per certas voces, & phrases, quas sibi iam familiares fecerit reflectens; imaginationem per ipsarum inflectiones, formationes, deriuationes, sollicitans; iudicium denique in apposita, & eleganti constructione exercens; ut hoc modo tanquam sibimet ipsi praeceptor existat, & omnia illa, quae difficilius quidem perceperit, quam si praemansa in os ipsi à praeceptore iniecta fuissent, melius, ac fidelius mente, animoque conseruet, atque etiam alijs postea difficultatibus enodandis, paulatim assuescat, & sine cortice in alueis profundioribus natare. Alterum, ut Praeceptor illi sensim instillet, & aperiat Historiam eius linguae, cui percipiendae totus incumbit, quo videlicèt tempore, & ubi nam gentium incaeperit, quam latè se, & quibus modis diffuderit, quot mutationes, alterationesvè diuersis aetatibus sustinuerit, singulaque rudiori Mi- [page 53] nerua, aut acurate magis, prout ingenium discipuli cognouerit, explicet. Ut si v. g. latinae occasione, quae prior se offert, nullam hanc ante Romuli, & Remi tempora fuisse insinuet, quae tunc inter pastores ex lingua Graeca, & Hetrusca coalescens, sub septem Regibus Romanorum infans fuit, deinde sub Consulibus usque ad Catonem Censorium, quasi in pueritia rudior adhuc, ut patet in legibus duodecim tabularum ; tum sub Catone adoleuit, & vegetior facta est ; postea ad aetatem Ciceronis translata, vigorem quasi virilitatis obtinuit, per Crassos, Antonios, Cicerones, Hortensios, aliosque ut narrat Tullius lib. de clar. ora. & in oratore perfecto ; tùm sub Augusto senuit, virilior tamen adhuc, Augustus enim per quam latine locutus est, referrente Suetonio in eius vita ; deinde paulatim caepit declinare, ab eius siquidem puritate deflexerunt, Liuius, Tacitus, Plinius, & multo magis, Tertulianus, Arnobius, Sydonius, Symachus, & similes, donec omnino extincta est, circa annum Christi sexcentesimum ; ab illo enim tempore, usque ad praeteritum saeculum, quo capta Constantinopoli à Muhamede secundo, caepit primum in Italia cum Graecis, & humanioribus litteris [page 54] reuiuiscere per Politianos, Vallas, Hermolaos, Pontanos, Pogios, non nisi mera barbaries dominata est in scholis, quemadmodum fuse docuimus in additamento nostro ad Historiam Ludouici XI. Haec enim omnia licet vix capiat tenera mens, & nondum sufficienter de multis ad istorum intelligentiam pertinentibus informata, vehementer tamen ipsam delectant, & sementem in ea faciunt, quae continua postmodum eruditionis accessione, in copiosum, ac uberem fructum facile euadat : Quae vero discipulum praestare oportet ea sunt, ut praeter affectum, & laborem in addiscendo, modum etiam suae eruditioni afferat, duas velut syrtes declinando, ad quas plerunque allidere solent ; qui se totos linguarum eruditioni deuouent ; nunquam ad scientias, quarum ipsae fores apperiunt, penetrantes, dum ingratissimo labore iter reliquis praeparant circa dictiones, ac voculas occupati ; unde posteà in hoc alterum amentiae genus facile delabuntur, ut ex detortis, aut verius corruptis, & deprauatis vocibus linguae cuiusdam primariae, quam sibi fingunt ad libitum, reliquarum omnium linguarum origines deducere velint, non minus ridendo conatu, quam si panis ethymologiam à Greco [page 55] nomine ἄρτον mutando pa, in ἄρ, & nis in τον, repetere vellem, quod tamen quidam ipsorum post explosas, & irrisas Goropij, Becani, meras, ac Cimmerias fabulas facere non erubuit ; ne in rebus serijs non tam nugari videretur, quam prorsus desipere. Linguarum rudimenta sequitur eloquentiae, & poetices methodus, aut potius ratio styli in utraque facultate liberaliter efformandi, ac prioris quidem maior omnino cura, & sollicitudo habenda est, quoniam licet in rebus grauissimis fermè semper usurpetur ; nihilominus quae soluta oratione dicuntur, nisi verborum nitore, lenocinijsque, & mirifico apparatu exculta sint, non absque negligentia audiri consueuerunt, languidiusque in animum auditoris penetrare ; ubi vero accessere numeri, & egregium sensum astrinxere certi pedes, eadem illa sententia, velut per se mobilis, aut excussa lacerto potentius torquetur, & iucunda mulcedine sic auditorum mentes titillat, ut per illorum aures non secus ac gemma per digitos molliter fluat, & non impacto ungue perlabatur. Non multa tamen de eloquentiae praeceptis à me hic afferenda sunt, cum post Ciceronem, & Quintilianum non desinit infiniti, quod ad eloquentiam ituris viam [page 56] fecerint, & de perfecto oratore dixerint grauiter, & copiosè ; Ego vero nihil addere velim, nec istius, nec alterius facultatis communibus regulis, sed ea tantum proponere, quae antiquam Musarum asperitatem urbaniori cultu temperare possint, studiosorumque diuitias, quae plerunque inutiles latent usibus, ac vitae officijs accommodare. Et quidem hoc mihi primum peccare videntur adolescentes, quod stylum suum oratorum imitatione circumscribunt, dum eloquentiam omnem unius Rhetoricae praeceptis, quae docet rectè, & appositè dicere ad persuadendum, latiùs non extendi sibi persuadent, cum tamen ista per quatuor styli differentias diffundatur; sermonem quidem purum, tersum, ac castigatum in omnibus illis requirens; sed in oratorio tamen sublimiorem, & magis ad numeros aptum, & compositum, qualis depraehenditur in Cicerone, Plinio iuniore, Mureto, Perpigniano, & similibus; in Historico puriorem, & apertiorem, quem feliciter expresserunt Salustius, Liuius, Q. Curtius, & nostro tempore, Iouius, Bembus, Maffaeus, & alij, quorum propriam laudem quilibet est assecutus; in Epistolico lepidiorem faciliorem, & per angustias aliquando luctantem, [page 57] & praecisum, cuius exemplum non aliunde melius, quam ex Cicerone, Plinio iuniori, ac Politiano petendum est; in Didascalico denique simpliciorem, apertiorem, & magis familiarem, ac domesticum, quo praesertim commendantur Agellius, Plinius, & omnes, qui philosophica scripserunt, ut Seneca: At vero tantum abest, ut istorum notitiam, & exercitationem adolescentes in scholis consequantur, quamuis ipsorum usus longè nobilior sit, ac frequentius occurrat, quam frigidae cuiusdam declamationis, quod nec orationem, nec Chriam quidem componere possunt, nisi accepta prius à praeceptore rudi, & indigesta materia, quae demum sic ingeniosè versari non potest, aut fingi quin macie, & languore quodam opprimatur, proprio sanguine, & viuidiori colore destituta; unde posteà tanquam consectarium sequitur, quod tertio loco monendum esse duxi, ut nec decorum seruare possint, nec orationem unicuique rei quam tractant conuenientem usurpare; maxima quaequae, & grandia humili stylo deprimentes, aut vilia, & abiecta nobilioribus verbis efferentes, quod non tam eruditionis vitium est, quàm iudicij,

Nam magnae numina Romae
[page 58] *Non ità cantari debent, ut ouile Menalcae.*

Ad Poeticam, quod attinet ipsa videtur primo quidem aspectu, nec vehementi applicatione animi, nec regulis indigere ; cum poetam natura ipsa valere, & vi mentis excitari, & quasi diuino quodam spiritu inflammari summorum eruditissimorumque virorum Platonis, Ciceronis, Originis, & aliorum constans sit opinio, multis etiam rationibus confirmata ; Verum si ita se res habet, ne tu Aristoteles stultè admodum fecisti, nae tu Horati, Casteluetre, Patriti, Mazzoni, Minturne, Scaliger, Heinsi, Casaubone, Galuti, Vida, parum prudenter ; ne vos omnes Galli, & Itali omnino inconsultè ; dum adeo subtilitèr, & curiosè de versuum legibus, poematum differentijs ; & totius poetices apparatu disputastis ; Sed bene est, quod hic error à Platonis usque tempore per scholas propagatus, inter illos referendus sit, qui opinione magis quam experientia, vel ratione vigent ac sustentantur : Audientem igitur se praebeat adolescens eorum praeceptis, qui de metrorum elegantia sobriè potius, quam acute disputarunt, & poetarum omnium lectioni, se dedat, quos inuiria temporum, reliquos nobis fecit ex antiquorum naufragio, quia praeterquamquod [page 59] nullus ipsorum, non elegantius, ac latine magis locutus est, quam hesternorum laureatae phalanges, varia etiam ex multis summa cum animi iucunditate, & facilitate addiscet, quae ad usum, & manum quotidie opportuna accidere possunt, & lectione varia, ac multiplici rectè iudicandi vim, prudentiamque omnium virtutum exemplis confirmare ; Neque enim ipsi utiles tantum depraehendunt (quod multi falso sibi persuaserunt) ad locupletandam latinam orationem, & varietatem sermonis, descriptionemque affectuum ; sed mirum est quantum roboris accedat animo, ex diligenti meditatione eorum de quibus sibi tractandum proposuerunt ; nam, amabo te Fabrici, non ne promptum est unicuique animum ad ea, quae legit aliquoties reflectenti, ex Virgilio, Lucano, Siluio praeclare factorum exempla, Heroumque mores, quos postea imitari possit animo concipere ; Ex Horatio, Iuuenale, Persio Scelestorum pœnas, Iurcorum infamiam, faeneratorum vota, fraudes, ac nequitias hominum depraehendere simul, ac detestari; In Plauto, & Terentio iuuenum impetus, senum auaritiam, meretricum technas, lenonum artes, parasitorum ingluuiem, mercatorum, institorum, seruorum, ac ferme [page 60] omnis generis personarum naturam, ac propensiones, velut in speculo intueri; Ex Seneca, & Euripide magnis regnorum mutationibus, gentium ruinis, calamitosis principum, caeterarumque rerum euentibus, non assuescere modo, sed intrepidus occurrere; denique, ut à Martiale sensum verborum, & acumen sententiarum, & nonnunquam etiam pungentes aculeos mutuari, sic ab Ouidio, Tibullo, Propertio, Catullo, sermonis delitias; Veneres, venustatesque usurpare, quibus actiones, vitam, moresque suos ad cultum, elegantiam, facetias, & urbanitates componat; ut cum plura, ac diuersa genera Poetarum habeantur, quod in oratoribus fortasse non ita est, nullus tamen reperiatur in tam festiua copia, ex quo non solum egregia utilitas, sed maxima quoque non percipiatur delectatio. Sequuntur tres aliae humanitatis partes Geographia, Chronologia, & Historia, sic mutuo inter se connexae, & colligatae vinculo, ut qui ipsas diducere velit, & separatim explicare, non modo negotij vim paret maximam, sed a sapientissimorum hominum placitis longe declinet, qui omnem historiae dignitatem, & praestantiam, tribus potissimum signis videntur aestimare, nimirum, ut vera sit, nulliusque [page 61] adulationis fuco colorata, ut Corographiam loci in quo gesta est acuratè repraesentet, atque etiam tempus cui cum scribat proprium, quare consentaneum est etiam arbitrari uniuersalis historiae Synopsim, quae res ab omni aeuo, & ubique locorum gestas compraehendit, non posse ab adolescentibus planè, & integrè percipi, nisi ipsius temporis ordinem, differentiamque annorum, & mensium, ac locorum omnium, seù mauis regionum descriptionem simul complectatur, contineatque unà quidquid adiumenti recipere potest ex reliquis historiarum speciebus, Ciuilis videlicèt, Ecclesiasticae, & Naturalis; quarum omnium is fructus esse debet, ea primum utilitas, ut nobis auctoritatem apud homines concilient, opinionemque sapientiae; nam si senes idcirco prudentiores iudicamus, eosque libenter audimus, qui per longam vitam, & in se multa experti sunt, & in alijs pleraque viderunt, atque audiuerunt, quid de ijs censendum est, qui multorum saeculorum res cognitu dignas memoriter norunt, & ad omnem casum proferre aliquod exemplum illustre possunt? Secunda vero, ut non modo opinione, sed re vera prudentiores efficiamur, & normam vitae componamus inter omnes errores, omniaquè [page 62] pericula tuto dirigendae; etenim cum prudentia nostra nihil aliud sit, quam euentorum obseruatio, rerumque praesentium, ac futurarum scientia, ex praeteritis tanquam ex fonte deriuata, hoc ex uniuerso litterarum genere, vel sola, vel certè maximè praestat historia, quae non alia sanè de causa vocatur à Cicerone *testis temporum, lux veritatis, vita memoriae, veritatis nuntia, & magistra vitae.* At praeter iam enumeratas historiae species, quarta adhuc superest antiquitatum propria, cuius largiori haustu perfusi, hoc primum obtinent, ut eruditi censeantur, deinde vero, ut eruditorum etiam principes, si suppetias, accesserit Critice; de qua nonnulla quoque mihi dicenda essent, nisi satius haberem adolescenti consulere, ut ab hac scabie ungues in totum abstineret, quae si ab ingenijs mediocribus, & patellarijs tractetur, auctores optimos plerunque corrumpit, & deprauat: Sin à maioribus Dijs, ipsos omnino immutat, & alijs verbis alio plerunque sensu loquentes inducit: Sed ut ad Historiam eruditam reuertamur, ipsa non adeo longe patet quemadmodum Politica, vel naturalis, verum angustis quatuor regnorum finibus terminatur, Ægyptiorum, Persarum, Graecorum, & Romanorum, [page 63] Hebraeorum enim Chaldaeorum, ac Syrorum antiquitates potius ad Theologos pertinent, reliquarum autem nationum ritus, & formulae, vix tanti habentur, ut ad his meliora festinantes debeant retardare. Ac de Ægyptiorum quidem antiquitatibus fermè est, ut dicam vix umbrae tenuis famam ad nos peruenire, cum euentilata pridem à doctis, Annij Viterbiensis, qui nobis pseudo Berosum obtrudere conatus est impudentia pauca tantum supersint, apud Plutarchum, Horum Apollinem, Iamblichum,

Calcagninum, & alios, de eorum sacris mystica doctrina, & Regum, ac rerum interrupta successione. Verum haec penuria generosos tandem conatus excitauit doctissimi, ac in rerum omnium inuestigatione, quae studiosos antiquitatis beare solent versatissimi Claudij, Menerrierij, ut ex ipsorum numismatis, quae incredibili prorsus diligentia conquisiuit, tot res deperditas, & profunda nocte sepultas erueret, felici ductu, & auspicijs Eminentissimi sui Cardinalis Francisci Barberini; cuius, ut votum semper fuit, sic studium nunc est, viros eruditos singulari beneuolentia complecti, & augustissima liberalitate quo se cumque ferunt vehementius impellere. Persarum etiam vix [page 64] quidquam habemus quod non acceptum ferri debeat labori, ac diligentiae Praesidis meliori fato digni Barnabae Brissonij; qui inter tot alia excellentis doctrinae suae monumenta, collectiones quoque de Regno Persarum nunquam non summopere magni faciendas nobis reliquit; Sed viciniores Graeci, & Romani, non habent omnino, quod de nostrorum negligentia conqueri possint, quandoquidem sic notas habemus eorum antiquitates, sic explorata rudera, templa, porticus, palatia, thermas, amphitheatra, numismata, statuas, sepulchra; Sic perspectas, & acuratè descriptas venationes, comessationes, ludos, conuentus, fastos, ritus sacros, profanos, formulas, nec mentiar si dixerim scortationes, & libidinum secreta; ut si ambae istae nationes quondam orbis dominae semel ad pristinum decus reuiuiscerent, se à nobis doctrina saltem, & labore fuisse superatas fateri cogerentur. Supersunt tandem Fabulae quarum magna est cum poesi affinitas, sed nulla cum veritate; veritas enim nihil profert, nisi quod verum, & exploratum est; Poesis figmentis delectatur, & auctoritatem sibi quaerit ex mendacio: atque omnino necessarium est, ut res omnes de quibus instituitur narratio, uno ex [page 65] istis tribus modis in medium proferantur, nimirum historicè, aut poeticè, aut fabulosè: Fabularum autem non unà assignari potest distinctio; quaedam enim multum humiles sunt, simplici narratione, facili exemplo, breui sententia: quarum antiquissimus auctor Æsopus, non mediocriter commendatus venit à grauissimis scriptoribus Platone, Liuio, Plinio, Horatio, Aristotele, Plutarcho, Iustino, Macrobio, Phaedro, & alijs ; qui eius inuenta ad mores formandos non illepidè transtulerunt, licèt humi ferme repentia : in quo fecere prorsus quod aurifices, dum ferro, & vili puluere aurum, atque adamantem expoliunt : quaedam aliae sublimius feruntur, Theologorumque mysteria peruadunt, philosophorum arcana penetrant, & non nisi grauissimis se rebus immiscent ab Homero, Platone, Orphaeo, Hesiodo, Heraclide, Porphyrio, Proclo, & inuentae sapienter, & frequenter usurpatae. Itaque nulla est istarum artium, quae quidem liberales sunt, & ingenuo homine dignae existimantur, non suscipienda adolescenti, ut per laborum gradus sapientiae praeceptis animum componat, & conciliata sibi ancillarum beneuolentia ad Penelopem, hoc est Reginam omnium scientiarum philo- [page 66] sophiam, non tanquam nouus Mystes, aut Semipaganus, accedat ; sed animo rerum omnium capaci, & moribus ad omne officium, & decorum effictis probè à natura instructus. Philosophiae vero partes, quibus se totum applicare debet, tres tantum ab emendatissimi iudicij hominibus Laertio, Cicerone, Lactantio, Diuo Augustino, alijsque propositas inuenio ; nempe unam, quae de vita, & moribus, alteram, quae de natura, & rebus occultis, tertiam, quae rectè disserendo absoluitur, & quid verum, quid falsum ; quid rectum in oratione, quid prauum ; quid consentiens, quid repugnet iudicando, quamuis res occultas, & naturae obscuritatem, ad ea, quae paenè extrà naturam sunt accomodantes, methaphysicam illis quoque partibus adiunxisse videri possint, ut quantum in semetipsorum potestate situm esset, tantum ipsi ad rerum altissimarum cognitionem contenderent, & naturali sua beatitudine, quae in Dei contemplatione consistit fruerentur ; Unde etiam factum est, ut haec postrema philosophiae pars προτέλεια Theologiae comprachendat, quemadmodum Physica Medicinae, ac Moralis disciplina Iurisprudentiae. Ut proinde dubium esse non possit, quin mens nostra dum [page 67] unius Philosophiae lumine velut caelesti quodam ratio illustratur splendorem recipiat, quo postmodum tanquam impraegnata, neque numero scientiarum, quas concipit, appraehenditque vincatur, neque amplitudine ; & mole opprimatur, nec tenuitate, acumineque frustretur : sed non prorsus aliter quam oculi natura vegeti, & perspicaces, facili, leuique conuersu, in quam secumque dederint partem celeriter omnia, & sine labore contuentur, sic illa probè quidem philosophiae studijs instituta, perspicax efficitur ad omnia compræhendenda, quorum inuestigationi se voluerit addicere, neque vero ea repetere hic opus est, quae de philosophiae cursu per singulas eiusmodi partes, recte, ac methodicè absoluendo Foxius & Nunnius ambo compositae, ac sedatae mentis Hispani praecepere, cum & ipsorum libri nullo negotio haberi possint, & ab instituto nostro alienum sit quidquam in medium afferre, quod identidem ex aliorum monumentis haberi possit. Quare unum tantum, aut alterum moneo, quae istis praesertim temporibus summopere esse necessaria nullus, ut opinor ibit inficias, qui propiùs in rem ipsam inspexerit. Et vero primum est, ut confusionis deuitandae gratia, quam nuper introduxere, [page 68] qui, vel proprio suo marte, vel ex antiquorum principijs philosophati sunt, unius tantum Aristotelis vestigijs insistamus, primum philosophiae lac, non tam ex ipsius, quam naturae, quae eo interpraete usa est fœcundissimis uberibus fugentes, donec grandiores facti, & pileo, ac libertate donati, quid in reliquis philosophorum scholis veritati magis consentaneum reperiatur dispicere possimus. In Philosophia siquidem non secus ac in militia, sub alicuius auspicijs prius dimicandum est, quam ad ordines ducendos accedendum ; & in unoquoque rerum, ac scientiarum genere, primum aliquod semper esse debet, quod sit postea modus, & regula caeterorum. Verum quoniam usus ab Ruscellini, & Abailardi saeculo ad haec usque tempora sic inualuit, ut statim ac adolescentes Dialecticae limina salutarunt commitantur inter se, depugnentque ad rauim magno syllogismorum apparatu, undecumque illum habere possint obstinate conquisito ; inde etiam fit, ut non modo pertinaces, sed penè caecutientes euadant, & ad unius veritatis indagationem prorsus inepti. Quo fit ut summae huic, & propemodum luctuosae adolescentum calamitati diligenter occurrendum sit, ut potè qua nulla [page 69] grauior excogitari potest, nulla rusticitati propior, aut qua magis homines videantur ad bestias accedere, sanè cum nihil in Aristotele, aut antiquis eius interpretibus reperiatur, quod huiusmodi vitio sit affine, profecto fatendum est illud, inuentum fuisse quorundam hominum, quibus à Schola, in qua perpetuo versabantur, morumque asperitate, & corporis imbalnitie, Scholasticorum nomen, nec iniuria videmus fuisse impositum. Ipsi enim cum acri ingenio pollerent, nec se in humanioribus litteris, aut historia naturali, vel politica, prae summa, quae tunc temporis vigebat barbarie exercere possent, ex non magno materiae stamine ; sed maxima spiritus, quasi radij agitatione, operosissimas illas telas, quae in libris eorum extant confecerunt. Etenim mens humana, dum in materiam aliquam agit naturam rerum, vel opera Dei contemplando, tunc pro modo materiae operatur, atque determinatur, sin vero ipsa in se conuertatur, tanquam aranea texens telam, tùm demum interminata est, & parit telas quasdam doctrinae, tenuitate quidem fili, operisque subtilitate admirabiles, verum, quae sint prorsus inanes, & sapientum cachinnis, ac ludibrio expositae : Sed undecumque tandem ista philo-[page 70] sophiae pernicies ortum duxerit, quae sua contagione magnam olim partem Europae infecerat, haud multum referre existimo, quandoquidem ipsa iam desijt, tàm impotenter grassari, desinetque omnino, hac praesertim aetate, quae virtute magis, quam ulla praecedentium amica est, & crescente in dies hominum sapientia, à quibus hoc demum non erit difficile consequi, ut reiectis vanis speculationibus, & quidquid inane, ac sterile est, illud tantum conseruetur, quod est solidum, ac utile, ut hoc pacto philosophia non sit apud nos instar cuiusdam scorti, quo ad voluptatis illecebras abutamur, aut tanquam ancilla turpibus officijs mancipata, sed potius, sociae, ac fidelis sponsae locum sibi vendicet, ad generationem fructuum, & solatium vitae tranquillioris, ac beatae.

Enimvero postquam huc peruecti sumus, Fabrici Comes, ut de illis artibus uberrime iam dictum sit, quarum praeceptionibus instructi, & penitùs informati esse debent, quicumque ad alia vitae studia, deinde se conuertunt, siuè illi ius Ciuile voluerint exequi, siuè Reipublicae curam, siuè quamcumque aliam artem, sectamvè earum, quae cum honore, & [page 71] laude suscipiuntur : Equidem hoc nonnullis consentaneum videri posse non diffido, ut animum tibi faciam, ad quidquid est in ipsis molestiae, & difficultatis fortiter superandum, & sanè lubentissime te ad hoc unum exhortarer, nisi iam istud abundè satis praestitissem, in superiori parte istius syntagmatis, aut tu ipse laboris, ac studiorum improbitate non huc deuenisses, undè tibi facilius est in Heroicas, ac te ipso, & maioribus tuis dignas virtutes intueri, quam ad humile grammaticorum Triuium oculos iterum referre ; & vero, cum omnes homines animum praeclaris actionibus intendere conuenientissimum sit, tùm vero illos in primis hoc decet maximè, qui celsiore loco nati non aliter possunt, fortunam, & gradum dignitatis, quam obtinent conuenienter sustinere ; aequum siquidem est, qui sibi summa omnia deberi volunt, eos debere, & summa omnia de se praestare : nec est ulla certior, aut stabilior eximiae alicuius potestatis acquirendae ratio, quam si qui talem ambit, ac desiderat, ea dignissimus omnium iudicio censeatur. Quamobrem, Fabrici Comes, cum tibi nasci contigerit ex ea familia, in qua semper verus honos, & splendor virtutis enituit, totaque spes, & ratio domus tuae, per [page 72] litterarum, armorumque munia ad amplioris gloriae decus promouendae, in generosissimo tuo Fratre Comite Lodouico, necnon in te ipso inclinata recumbat ; Ille vero gloriam sibi quaerat in periculis, & inter externos armorum strepitus praeclare, ac fortiter se gerens, adolescat ; tot Guidiorum nomen, quibus ab insigni ferocia, & militari robore Guerrae cognomentum superadditum est, necnon Excellentissimi Patris Nicolai Marchionis à Montebello exemplum continuo prae oculis habens. Tuum est profecto, Fabrici Comes, ad hanc tranquillioris vitae Spartam, quae tibi exornanda relinquitur sic pro tua virili te componere, adeoque prudenter litterarum suppetias in id unum aduocare, ut libertatem videantur ingenio tuo attulisse, non seruitutem ; & lumen, non tenebras infundisse ; Quod dum moneo, timeo vehementer, ne parum considerate faciam, qui longum iter, & tot praeceptis munitum tibi subindicare aggrediar, cum aliud tibi non desit, longè breuius, & magis expeditum, si tibi in Heroicae, ac omnibus numeris absolutae virtutis exemplar proposueris, Eminentissimi Cardinalis à Balneo Patrui tui vitam, per omnes dignitatum gradus felicissime transactam, [page 73] mores incredibili prorsus amœnitate, & gratia temperatos, animum denique sic praeclaris naturae dotibus excultum, sic liberalibus studijs instructum, & altioris sapientiae documentis exornatum, ut hunc, velut Titum Imperatorem, non unius modo, aut alterius nationis amorem, sed totius orbis delitias haud iniuria possim nuncupare. Veruntamen sicut nobis difficile admodum est lumen Solis, affatim, & ex improuiso irruens inconniuentibus oculis aspicere, ita quoque non adeo delirus sum, ut ignorem tibi arduum omnino fore, tot virtutes specie ipsa praestantes, & numero propemodum infinitas, quas ille secum familiae tuae intulit, simul intueri, & depraehendere : Quare interea dum in ipsarum familiaritatem paulatim descendas, vellem te, Fabrici Comes, ad ea mentem aduertere, de quibus non quidem in prima, sed in altera tantum huius syntagmatis parte, sermonem mihi instituendum esse duxi, Quoniam illa delectu maxime, atque iudicio vigere depraehenduntur, quae duae res non ità frequenter solent in adolescentibus inueniri ; deinde vero, quia lectio varia, & multiplex, cui se potissimum applicant toto illo tempore, quo per liberales disciplinas libere vagantur, iudican- [page 74] di vim, prudentiamque non minimum confirmat, ut ex multis circum se se offerentibus, illud prae caeteris eligat, quod maxime videtur commodum, quod quidem fieri omnino sine comparatione plurium non potest, cum alioquin si in uno dumtaxat genere versetur, nec habeat qui cum quod comparet, non delectu ullo ad id se applicuisse etiam si sit optimum. Sed casu, & fortuna in illud solum incidisse videatur. Ut omittam quod adolescentiae proprium est ingenio vigere, & eis armis, eoque cultu, & comitatu rerum, per studiorum labores exornari, ut cum maturum fuerit, acutè queat, & rectè facultatem illam probandi, & adsciscendi potiora, in reliquis vitae actionibus sapienter usurpare. Et vero illa potissimum est, ad quam te voco, Fabrici Comes, & ad quam, si non testudineo, quod aiunt, sed grallatorio passu peruenire cupis, postquam ijs abunde rebus, & adiumentis munitus es, quae vel à natura desiderari possunt, vel ab educatione obtineri ; nihil debes in primis humile cogitare, nihil angustum, nihil obscurum, aut inane ; sed quemadmodum antequam dies se se dilatet, magisque diluceat, solet Aurora antegredi, quae & aurum ostentat suum, & leni quodam flatu [page 75] aerem ipsum afficit, sic in aetatis tuae aurora constitutus, quis sit eius meridies, & quae adulta aetas futura, vel hoc uno egregiè potes ostendere, si excelsa petat animus tuus, si ampla, & illustria, plenaque dignitatis, & gloriae, quo te à prima pueritia praeceptorum vox incitauit, quo te pater tuus, cuius ad te vota, cogitationesque referuntur omnes, assiduè cohortatur, quo denique te vocant, maiorum tuorum exempla, quorum nomina nulla dies extinguet, nulla obscurabit obliuio. Hoc autem absque litterarum auxilio cogitare non modo tibi arduum, & difficile, verum etiam omnino impossibile est, quando hanc vitae rationem ingredi meditaris, & illud exercitij genus complecti, quod est totum in laudabili ratione, totum in praeclaris cogitationibus, & liberali scientiarum palaestra constitutum. Quamobrem non praetermisi in superioribus, singula in medium adducere, quibus te velis, & remis, omnique nixu, & conatu, ad eruditionis, & doctrinae fontes ocyus impellerem ; atque hoc unum tibi in praesentia persuadere non cesso, ut quando per tempus, & occasionem, licet totum te in ipsorum fluenta, ac latices immergas, quo tandem istis velut adolescentiae super astris eluctatus, habitum [page 76] hunc in toto vitae decursu retineas, qui tibi viam non modo paret, ac muniat, ad Theologiae, vel Iurisprudentiae penetralia, sed omnes tuas actiones, ac delatos honores, non mediocri gratia perfundat, & illustret. Et quoniam ad hoc primum à Natura formamur, & fingimur, ut quae nobis necessaria sunt, nostra sponte perquiramus, deinde vero quae laudabilia, & ad benè, beatèque viuendum requisita existimantur per nos etiam inuestigemus ; debes hoc unum studiosè in primis praestare, Fabrici Comes, ut quae tibi necessaria sunt litterarum adiumenta, maturè percipias ; quo deinceps possis praestantiori modo magnarum dignitatum munia sustinere, quae nunquam rectè, ac legitimè possunt, nisi à doctissimis iuxtà, & nobilissimis hominibus administrari ; Non enim si quis humili fortuna scientijs animum excoluerit, quamuis omnium virtutum intelligentia sit ornatus, aequè tamen eas virtutes exercere poterit, ut summo loco natus, cui iam natura subditas mentes accommodat, & auctoritatem tribuit ex stemmate : quare postquam te sat diù in scholarum umbra exercueris, & tyrocinio praefinitum tempus absolueris, assumendae tibi sunt cogitationes aequales antiquissimae Guidiorum nobilitati, & [page 77] amotis grammaticationibus, quae mediocres, ac plebeios homines decent ; ea tantum in votis habenda sunt, quae pulmo animae praelargus anhelet, quaeque memoria posteritatis, & fama saeculorum nepotibus tuis in exemplum summae fortitudinis, summaeque virtutis, & fortunae proponat. Enimvero, quoties in litterarum, ac scientiarum naturam penitius descendo, ea profecto mihi videtur non talis esse, qualem ipsi tantum litterati, qui philautia maximè ducuntur nobis repraesentare conati sunt, dum ex omnibus rebus humanis nihil ipsa doctrina praestantius, nihil admirabilius, aut quod magis hominem beare possit, vel immortalem efficere suis in declamationibus quotidie personant, Ego vero, qui me nunquam irretiri permitto famosis multorum opinionibus, quas plerunque futiles, ac erroneas depraehendi, nec populum sequor pessimum veritatis interpretem ; rem non ità se habere confidenter affirmo, quod utcumque verum antiquissimis illis temporibus fuerit, in quibus studia ipsa maiori cum personarum, & locorum delectu tractabantur ; sanè non potest non esse verissimum, hac praesertim aetate, litterarum adeo fœcunda, ut cum omnes cathedras ambiant, nullus etiam reperiatur, [page 78] qui discere non velit ; unde tot iam sodalitates sunt institutae, tot seminaria, scholae, & Collegia, erecta ; tot aedificatae porticus, & Academiae, ut habeant adolescentes loca, in quibus impunè otiari possint, & musis publicae fornices non desint, ubi se cum calonibus, & lixis, ac nundinalibus scurris indecenter prostituant. Quae cum ità sint, & suo quemque se metiri pede, atque modulo verum sit, quis mecum non videt, indignum esse viro Principe si nominis, aut gloriae suae summam in hac exercitatione constituat, quae potest illi esse communis, cum abiectissimo quouis è plebe ? Quinimo contingere etiam poterit, quod ille plures auctoritates laudabit, vel elegantius scribet, aut acutiùs disputabit, sicque triumphum aget Thersites de Agamemnone ; Codrus, de Inacho, Zerbus de summo Pontifice ; aut Grosippus aliquis de Rege Anglico ; Deinde vero sicut admirationi non est vasta cuiusdam arboris proceritas, ubi in eandem altitudinem tota sylua assurexit, sic neque generosis mentibus facile est dignum auita sua nobilitate locum in hac palaestra retinere, in qua tam facilis est victoria, aut verius, tam futilis adulatio, ut omnes qui in ea decurrunt, Tros, Rutulusvè fuat, nullo discrimine [page 79] doctissimi statim, ac eruditissimi audiant ; Quare litterarum studia vestibus holosericis libenter confero, quae mediocris fortunae homines, absque alio ditiore apparatu sat decore vestiunt, ac exornant, magnaque apud plebem in aestimatione constituunt, Reges vero, ac Magnates nihilo magis suspiciendos efficiunt, nisi praestantiora simul gerant nobilitatis, ac dignitatis suae insignia, quibus unicuique statim innotescant. Et vero cum egregius morum censor, & artifex Horatius, praestantissimae virtutis ideam vellet effingere, non hanc inter studiosorum libellos, & chartulas collocauit, sed in comitijs, legationibus, indicijs, & puluere bellico, siquidem, ut ille sapienter monuit.

Res gerere, & captos ostendere Ciuibus hostes,
Attingit solium Iouis, & Cœlestia tentat.

Ea propter vellem te, Fabrici Comes, tecum ita de studiorum cultu statuere, ut haec ipsa credas, mediocribus ingenijs, quae nec splendore natalium, nec communi hominum de se expectatione praemuntur, sat honoris, & gloriae ad virtutis praesidium esse allatura, nobilioribus vero, atque Eminentiss. in loco constitutis, ornamenta tantum esse, aut si mauis adminicula dignitatum, quibus se praesertim extollere debent, [page 80] & in antiquum familiae suae decus asserere. Quod si alicuius exempli confirmatione indiget, non aliud equidem magis insignè, quàm Plinij senioris eligere possum, vel debeo, ille enim, non modo in omni vitae actione exercitatissimo corpore fuit, sed primis annis nobilium adolescentum more causas aliquandiù actitauit, mox amicitia principum usus, maxima officia gessit, & ea in primis, quae illi delegata fuere ab Imperatore Vespasiano, equestribus etiam munijs industriè functus est, procurationesque splendidissimas, atque continuas summa integritate administrauit, ac demum Mesinensis classis praefecturam susceperat, cum in ardentem Vesuuium Liburnicis aduectus ; vi pulueris, ac fauillae oppressus est, annum agens sextum, & quinquagesimum, cum interim haec omnia ciuilis vitae munia sic amœnitate studiorum temperarit, ut ipsis gradum sibi fecerit ad amicitiam principum ; & grandi illo Historiae naturalis opere, tot dignitatum splendorem non mediocriter auxerit ; quod item fecisse depraehenduntur Iulius Caesar, Cato, Tullius, Varro, Plinius nepos, Simachus, & quicunque inter priscos extitere nobilissimi, sapientissimique. Sed ne profecto parum consultè antiquorum [page 81] exempla tibi ad imitationem propono, qui domesticum habes, ac familiare in Eminentissimo Cardinale patruo tuo, cuius singularis doctrina non se parietibus alicuius Palatij continuit, aut publicae tantum concionis applausu, librorumvè compositione innotuit, sed maximorum munerum, quibus se iam à teneris annis totum deuouerat, in Fano fortunae, Macerata, Firmo, Urbe veteri, Marchia Anconitana, Comitatu Venesino, Belgio, Gallia, ac rursus in Italia administratione ; quibus in locis sic facundè locutus est coram populis, & potentissimis Principibus ; sic erudite, de legibus disseruit cum in Tribunalibus sederet, & de rebus Theologicis, cum inter subtilissimos Louanienses, ac Sorbonicos Doctores versaretur, sic denique prudenter in omnibus se gessit, ut nemini omnino dubium esse debeat, quin illis omnibus, qui unica tantum doctrinae laude floruerunt, Palmam facili negocio praeripere potuisset, nisi satiùs habuisset longè honoratiorem familiae suae dignitati, & immarcessibilem ex tot sapienter administratis legationibus asserere. Huius igitur non alterius cuiusquam vestigijs tibi insistendum est, Fabrici Comes, & quantum se vires, ac ingenij conatus extendere pos- [page 82] sunt, quantum ipsa efficere industria, tantum etiam tibi deinceps enitendum est, ut animum legum, ac Theologiae studijs abundè instructum, confirmatumque ad augendum, & illustrandum, per nouos honores familiae tuae decus possis afferre ; qui studiorum tuorum finis esse debet, non autem ille, quem tenuioris fortunae homines, & huic uni voluendo litterarum saxo alligati sibi constituunt, dum sterili plerunque vena carmen aliquod fundunt, aut periodis orationem librant, vel libellos componunt queis potentiorum gratiam sibi conciliare possint, aut famam, quam vix aliter possent, acquirere. Hoc vero praestantissimae vitae institutum, quo liberiori pede subeas, & maiori cum facilitate, & elegantia, non erit opus mea quidem sententia, fastidiosum, aut in quo plurimum sudoris, & laboris impendas, postquam mansuetiores Musas sanctissimè iam coluisti, nihil puerile, aut leue, nil inconsideratum, aut inane, praeteferens, tùm maturè ijs te artibus deditisti, quae sunt ad virtutum apicem, omniumque laudum verticem, non fallaces duces, atque antesignanae, ut omittam, quod in hac consideratione haud ultimo loco recensendum est, te videlicet ijs parentibus esse natum, quorum si vestigijs insistas, [page 83] non possis omnibus non sapientissimus existere. Quo facilius intelligo paucis mihi transigendum esse, de nonnullis rebus, quae sicuti furtim in faciles iuuenum animos ex prima institutione irrepunt, sic illas diuturna iam obseruatione non minimum obesse deprae-hendi, quo minus illi post tot epotas lucubrationum fuligines, sanum colorem suis actionibus inducere possint, aut bonae mentis specimen aliquod exhibere ; Eiusmodi vero sunt nimia quaedam morum facilitas, & vitae innocentia, qua prorsus inepti redduntur homines, ad omne genus negociorum, dum in Republica Platonis, aut inter Satyricorum censuras, & Stoicorum praecepta enutriti, nihil ferre, vel audire possunt, nisi quod rectae rationi videatur è directo consentaneum, unde si quis illos postea conuitio feriat, si quis argute lancinet, aut dicterijs impetat, muti sunt, nihil habent, quod respondeant, nisi forsan illa, quae nimia grauitate, aut intempestiua eruditione risum concitent ; Tum si quis se laudat prae modum, atque efferat auscultantibus ipsis, si quis Regem, Tyrannumvè beatum praedicat, si quis latifundia mille iugerum possidere se iactat, si quis generis claritudinem repetat à tritauo, desipere hos omnes [page 84] credunt, & effusius rident, nescio utrum, quia nimis insolentes, an quia nimis deliri, Proximè huic intemperiei assidet nimia credulitas, cuius origo non aliunde profecto, quam ab ijsdem primae institutionis fontibus repetenda est, in hac siquidem, dum adolescentes magni compendij loco habent omnes Poetarum fabulas ad unguem intelligere, Centaurosque & Syllas biformes, ac Hesperidum hortos suis in carminibus usurpare, ridiculis sensim narrationibus, & historicorum nugis sic assuescunt, ut quae posteà dicuntur non modo de Troianorum gestis, aut Æneae nauigatione, sed ridicula, & absurdissima quaequè, sine delectu, vel censura, recipiant, unde tandem in istud incommodi deueniunt ; ut vel perpetuo metu, ac terrore discrucientur dum lemures, & spectra, & noctium occursacula, Paraedrosque & Cobalos cur non etiam Empusas ?

passim ac ubique locorum obuersari sibi persuadent; vel facillimè decipiantur, dum Pseudomagis, Astrologis, Cabalistis, Artificialis memoriae, Artis Lulli, Encyclopaediae, Alchymiae, & quarumuis diuinationum, nouarumque artium professoribus, aut verius pecuniarum aeruscatoribus faciles nimium, ac bibulas aures adijciunt; [page 85] Vel denique parum emunctae naris habeantur, dum quae sibi constare non possunt, quaevè sunt impossibilia, & ridicula loquuntur, aut credunt. Non minima quoque studiosorum pernicies, & morbus haud curatu facilis, in scientiarum usu, & recta earundem applicatione versatur; Quosdam enim videre est, sic penitùs imbutos eius doctrinae documentis, quam primum in schola licet casu suscepere, ut ipsos deinde, nec ratio ab errore, nec libertatis amor à seruitutis turpitudine, nec constantia veritatis ab obstinatione, pertinaciaque reuocare possint; Itaque si forte in Peripateticorum deambulationem venerint, magnas statim hominum admirationes, magnum fuisse virum Arist. & quem natura nihil celauerit, nulla res deceperit, nulla morum, aut doctrinae labes deturparit persentisces; Si Stoicorum porticus subierint, nihil uno Zenone in vita constantius, nihil in philosophia admirabilius, aut diuinius fuisse tibi persuadebunt: Quod si, proh malum, in delicatos Epicureorum greges, de Deorum otio interpocula philosophantes inciderint, asserent continuo, Epicurum unicum auctorem esse, Deumque & beatae, & fortunatae vitae, Platonem vero, Aristotelem, & reliquos philoso- [page 86] phorum greges, prae hoc uno stultos, & deliros existere; Atque fecisset utinam natura, quae nobis tàm diuersas mentes indicit, ut istis generalibus philosophorum sectis pertinaciae, ac contumaciae nostrae finis imponeretur, non profecto, tot inter contentiones inanissimas sapientiae, & veritatis, fraudis vero, ac stultitiae plenissimas quotidiè versamur; nec sapientissimi Religionis nostrae ductores odio plusquam Vatiniano inter se digladiarentur; dum suos quique Doctores odiosa prorsus aemulatione inter se conferunt, ac Stentorea nonnunquam vociferatione reliquis praeferre nituntur, verum huc stultitiae deuenimus, ut quamquisque sibi philosophiae, alteriusvè professionis sectam delegit, quamuis ea sit plerunque inepta, aut à veritate aliena, totus tamen mente, & animo ad hanc adherescat, indignius reputans seruire corpore, quam animo. Alios etiam intueri licet, qui diuerso erroris generis in transuersum acti, quidquid solidi ab optimis auctoribus accepere, illud tamen in fumos, ac nugas conuertunt, similes aegrotanti stomacho, qui cibos omnes etiam suauissimos, & laudabilis alimenti, non in succum alendo corpori necessarium conuertit, sed in flatus, aut biliosos humores resoluit, [page 87] qui pro ut in cerebrum, aut viscera feruntur, illis tormento esse solent non mediocri. Nec unius tantum alicuius scientiae professores, haec pestis infestat, sed omnium fermè conatus, ac vota deludit, nam quotus quisque est grammaticae rudimentis, & humaniorum litterarum tinctura, vel mediocriter imbutus, qui non otio & ingenio suo abutatur, aut in vocularum quarundam proprietatibus morosè tractandis earundemque ethimologia superstitiosè inuestiganda, vel in anagrammatis, anacrostichis, Andraecruceasmis, Pangrammatis, Diaulis, versibus anguineis, recurrentibus Leoninis, centonibus, & eiusmodi gerris, ac difficilibus nugis. Aut si paululum altius sapiunt in quaestionibus illis euentilandis ; quae grammaticorum cruces, aut potius bonae mentis scopuli, vada, syrtes, merito vocantur ; quales sunt illae, quibus Tiberius genus istud hominum torquebat, quaerendo ab illis ; quae nam fuerit mater Hecubae ; quid Syrenes cantu dicant ? Achilli quod nomen, quando inter Virgines latibat ? quis prior Dies, aut Nox, malleus, aut incus, gallina, an ouum ; quot vini cados Æneae dedit Acestes ? quo pede Æneas naui egrediens Italiam attigit ? qua primum manu se subleuauit [page 88] Brutus, cum in terram cecidit, ex oraculi voluntate ? Anacreon vinosior, an libidinosior fuerit ? Thaurus, an Vacca signum sit in Zodiaco, atque adeo, ut nostri temporis quasdam delibemus, Virgilius, an Vergilius dicendum sit ; Epistola, vel Epistula, ninsi, vel nisi ; Omnipotentis Olympi, an Omnipatentis ? Trita pharmaca, an tetra ; ocna, ac ornus ; magistra cupa, an culpa ;

inficetus, an infacetus; Seruator, an Saluator; Mœcenas, an Mecaenas, endelechia, vel entelechia, & similes aliae, de quibus sic acriter, & infenso animo depugnauere Agellius, Philelphus, Politianus, Budaeus, Lambinus, Muretus, ut non mouere fluctus in simpulo, nec digladiari de puncto, vel accentu, aut virgula, sed tanquam de regno totis inter se viribus concurrere, & omnia susque deque inuertere viderentur : quotus etiam philosophorum est, qui vel in Dialecticae summulas, & parua Logicalia, vel in superstitiosas rerum naturalium obseruationes, ac magiae secreta non impegerit ? Sed quis etiam Theologorum non se libenter, ac facile Scholasticis ambagibus accomodauit ? tam procliuè est à virtutibus iter ad vitia, tàm facilis gradus à sapientia ad amentiam : ultima denique litterarum pernicies, & [page 89] calamitas, quae magis quam ulla praecedentium studiosis hominibus infesta est, dum bonae mentis functiones laedit, iudicijque vim penitùs destruit, & labefactat, est quidam animi stupor, aut potius hebetudo, quae nos recentes adhuc à scholarum disciplina, nec erroribus hominum, rerumque vicissitudinibus dignoscendis assuetos, omnium opinionum torrente violenter inuoluit, trahitque tandiù cum caeteris praecipites, quousque sapientior aliquis ausus attollere contra mortales oculos, sic indecore ruentibus obsistat, facemque veritatis, & sanioris iudicij periclitantibus accendat, ad quam postea tanto cum impetu reuertimur, ut nobismetipsis ludibrio simus, & exemplo summae leuitatis, ac ignorantiae ; Hoc vero quin saepissimè contingat, nemini dubium esse potest paulo acuratius in superiorum temporum historiam inquirenti, in qua videre est sic ineptos aliquando fuisse homines, sic aurium sensu, ac animi iudicio destitutos, ut post habità Vergilianae dictionis elegantia, rythmicos versus elegerint, qui tum primum ab auctoris nomine Leonini appellati sunt, suauiusque ac maiori cum dulcedine, & voluptate cantillarint carmen hoc, utrobique tinniens, & Echoinum,

Cum moritur diues, concurrunt undique Ciues,

[page 90] quam placidum istud, & omnino delenificum

Purpureus veluti cum flos succisus aratro
Languescit moriens,

Et nihilominus pauci admodum extitere, qui toto illo trium, aut quatuor saeculorum tempore, quo furor ille grassatus est, carmen antiquae monetae percuterent, sibique melioris aeui Poetas ad imitandum proponerent, tanta est mentis ubique penuria; eodem propè tempore Philosophorum scholas sophistica labes, Theologorum vero pulpita, scholastica disputandi methodus non minori damno, ac pernicie inuaserant; quae studiosos omnes incredibili propemodum concursu, & applausu communem insanientes insaniam, ad superioris saeculi principium detinuere; & si rectè calculum ponimus non deest hodie similis quaedam intemperies, quae Scholasticae loco Casuistarum mentes exerceat, quasi fatum esset eruditorum, morbo semper aliquo detineri, aut in errorem grauissimum impingere, cuius nemini in mentem venire solet, nisi cum hic ad extremum deductus, seipsum tandem prodit, ac manifestat; eiusmodi autem esse censeo, ut exemplorum congerie melius dignoscatur periculum, studium illud, quo linguarum professores, reliquarum origi- [page 91] nem ab antiquiori aliqua, & primaria, aut unius tantum ab altera repetere conantur; & Ciceronianae dictionis imitandae desiderium, quod iam diù cessauit; & amorem illum, qui Italos homines adeo suae linguae exornandae cupidos, non ità pridem reddiderat, ut de Latina conclamatum esse multi iam persuasum haberent; & ingentem pruritum inuertendi, ac restituendi optimos auctores, qui nunc maxima intemperie Criticorum mentes exagitat, & eo tandem nos deducet, ut primae tantum, ac antiquissimae librorum editiones optimae censeantur; & nimiam prorsus, ac morosam Italorum curiositatem in peruestigandis optimae poeseos legibus, & artis ipsius methodo, velut ab inferis per mille difficultatum ambages reuocanda, quasi Arist. & antiqui omnes in ea caecutierint, aut non consultius iudicarint, ea tantum praescribere, quae ad artis constitutionem faciunt, quam tot subtilitates proponere, quibus, non tam illustrantur recentiorum poemata, quam exercentur Academiae ; queis omnibus si reliquarum artium intemperies, & illas praetereà, quae falsis in rumoribus consistunt cùm exactè non discutiuntur accensere vellem, dies me citiùs deficeret, quam oratio : cum nulla [page 92] scientia illarum sit expers, nulla vitae nostrae aetas immunis, aut libera ; sed non opus est totum Mare ebibere, ut an illud salsum sit depraehendatur, nec censoria virgula donatus sum, quemadmodum Aristarchus, vel Aristophanes, ut os in Cœlum ponam, multàque similiter in superioribus disciplinis veru, ac obaelo, & asterisco digna pronunciem. Atque hi sunt praecipui ad prudentiam, & bonae mentis adeptionem obices, in quos non admodum raro solent deferri, & naufragium facere, qui studia sua impetu potiùs, & naturali propensione, quam sapientissimi alicuius praeceptoris consilio moderantur. Quanquam non dubito, quin plures alij inueniri possint, sed quoniam ipsi veluti priorum consectarij sunt, nec periculum intentant, nisi succedaneum peritiores medicos imitabitur, qui sympatheticos, & symptomaticos affectus, non aliter quam propriorum, & idiopaticorum instituta curatione tollendos esse significant ; quamobrem licet parum honestè, ac verecundè possint huic nimiae facilitati, & morum integritati, quam supra descripsimus, certi fines, ac limites assignari, mos tamen gerendus est huic Horatij praecepto.

Insani sapiens nomen ferat, aequus iniqui.
[page 93]
Ultra quam satis est, virtutem si petat ipsam.

Et diligenter praecauendum, ne virtutes, quae nobis tanquam instrumenta datae sunt ad retinendum honorem, vitiorum continuo infamiam nobis, ac dedecus afferant, quemadmodum illis contigere solet, qui in faece populi, & medijs in Urbibus inter mores hominum inquinatissimos viuentes, antiquissimae seueritatis exempla memoria repetunt, indignanturque non omnia, secundum Phocilidis, aut Pythagorae, vel Theognidis, & Catonis disticha procedere, quod equidem incommodum non aliundè procedere videtur, quam ab educationis illiberali modo, siquidem dum adolescentes inter Ætatis aureae fabulas, & Curiorum, Fabiorum, Scipionum virtutes adolescunt, nihilque de caeterorum vitijs audiunt, nec illa etiam ullibi gentium existere sibi persuadent ; unde sequitur posteà, cum tot deprauatos, & abnormes viuendi ritus conspiciunt, tot dissimiles Xenofontis Paediae, & Platonis Reipublicae hominum consuetudines, ut non aliter stupeant, haereant, titubent, caecutiant, quam aues implicitae visco, quam ad Solem Vespertiliones, vel Bubones, dum inepto cantu reliquis volucribus sunt ludibrio : Hoc autem non perinde se habebit, si [page 94] prout sub initium istius syntagmatis admonui, iuuenes in propria, aut alterius priuata domo erudiantur, ubi quidquid in Ciuitate committitur oculis usurpare possint, & quaecumquè de hoc, vel illo dicuntur audire, ut sic paulatim cunctis rebus assuescant, possintque quantum laudis, & gloriae in virtute sequenda repositum sit, ex vitiorum intuitu cognoscere : qua in re non minimum etiam iuuari possunt continua Historicorum lectione, modo tamen ipsa cum doctissimo praeceptore instituatur, qui ipsorum sententiae, ac narrationi lumen afferat : principum intentiones, bellorum euentus, praeclaras, aut indecoras militum actiones, consilia Ducum, clades, victorias, triumphos, obsidiones, stratagemata, ac demum singula quaeque pensiculatim examinans, illustransque aut similium comparatione, aut acri censura, atque iudicio, aut tandem ampliori eorum, quae per se obscura videri possent declaratione ; mirum est enim quantum eiusmodi lectio utilitatis afferat, quantumque se iuuenum animis cum, pulcherrima simul diuersarum rerum cognitione, penitus insinuet, ac diffundat ; qua postquam ipsi semel intincti sunt, & leuiter imbuti, nihil amplius stupent, nihil verentur ; Sed sibi [page 95] tantum regulas bene viuendi praescribentes, quidquid caeteri fecerint non magis certè, quam de rebus, quae ad se nihil pertinent offenduntur. Nimiae vero crudelitati remedium esse posset, si praeceptores fabularum explicationem cum earundem historia coniungerent, monerentquè diligenter, ac curiosè adolescentes, quid per Centauros, & Scyllas, quid per Faunos, & Empusas in Priscorum Mythologia sit intelligendum ; quod equidem non solum metu, ac perturbatione, ipsorum animos liberaret, sed eos ornaret insuper, ac instructiores redderet, praeclarissima antiquioris philosophiae cognitione, quam velut per manus acceptam ab Homero, Hesiodo, Orphaeo, Platonici, & omnes praetereà Magiae naturalis, ac utriusque Cabalae, & Chymiae professores, suis in compositionibus, quas eiusmodi figmentis plerunque depingunt, ac exornant, sapienter retinuere ; ut minimè pro nihilo ducenda sit, quorundam nostrae tempestatis hominum sententia, dum contendunt, haud mediocrem eius eruditionis partem, qua se plurimum iactant, & extollunt, qui inter humaniorum disciplinarum, ac Philosophiae, Theologiaevè professores, altius reliquis sapere depraehenduntur, [page 96] in huiusmodi fabularum explicatione totam versari. Veruntamen, si quod ingenuè censeo libere fatendum est, debile praesidium in hac docendi ratione constituo, nisi iam grandior factus iuuenis, & communis doctrinae stadium emensus, animum deinde serio applicet, ad praecipuam illam non solum benè moratae ; sed etiam verè beatae, & sapientis vitae procreatricem, veritatis inuestigationem, sine qua, nihil neque litteratum, neque prudens, neque liberale, neque magnificum, potest existere ; est enim velut lumen, quo vitae actiones omnes illustrantur, & hoc quidem diurno sydere tanto potentius, quod Sol iste oculis tantum, veritas autem mentibus lucem, atque diem affert, atque hic facit, ut res quales sunt, tales etiam cernantur ; illa ut quod sunt, id illud ipsum sint ; sed hoc lumen non aeque ex omni parte diffunditur, nec se pariter omnium oculis accommodat, magnas illud mentes requirit, & cœlestis particulae pleniùs compotes, ac in mundi Scena eruditas, quae nullius placitis astrictae, nullius opinionis tenaces, sed sui iuris, ac liberae per omnium scientiarum dogmata ferantur, per mundorum systemata obambulent, per rerum vicissitudines exerrent; quaecumque sunt, fuerunt, [page 97] aut erunt, ad examen vocantes, ut de ipsis quod è re videbitur esse apud se constituant, atque ex ipsorum diuturna, & diligenti consideratione, bonae mentis habitum induant, cuius postea beneficio rectè, sapienterque possint de singulis rebus iudicare, & quid in illis verum, aut falsum, quid rectè rationi conueniens, aut absurdum reperiatur depraehendere. At vero quoniam nobis non licet esse tam beatis, ut anima nostra à prima sui origine tales, tamquè eximias dotes secum in lucem afferat; mutuetur illas opportet, accipiatque vel à se ipsa, dum largiori, uberiorique rerum cognitione informata est, vel à sapientissimis praeceptoribus, quorum auxilio licet se destitutam inuenerit, non est tamen quod de spe decidat, bonae mentis consequendae, si nonnulla apud se statuat, quae velut bases, ac fundamenta esse debent omnis ingenuae, veraeque liberalis, & praestantioris doctrinae, ac primum quidem est veritatem, de cuius tamen possessione vix ullus est, qui se non plurimum efferat, submersam adhuc in Democriti puteo latere, nec se mortalibus oculis conspiciendam unquam exhibuisse, quo fit ut vera Iunonis istius imagine frustrati, solas imaginationis nostrae nubes am- [page 98] plexemur, ex quarum postea compressione non Centauri quidem prodeunt, sed tot sententiarum, & opinionum, quae nos vicissim, ac pessimè exercent partus abortiui; Secundum est nihil in hoc mundo stabile esse, nihil firmum, aut inconcussum, sed omnia vicissitudinibus agi, & successione quadam, artes, regna, scientias, sectas, Cœlos etiam, terras, ac maria conuerti, ut constans aeterna, positumque lege sit, in mundo constans, ac perpetuum esse nihil; ac proinde stulta redduntur, & subuentanea plerunque hominum vota, dum audent, vel scientijs, vel legibus, vel Imperijs, aut quibusvis rebus, quarum amore capiuntur, de perennitate gratulari; cecidere quondam Democritus, & Empedocles; cecidit Pithagoras; Stoicorum Porticus, fermè tota diruta cernitur Platonis Academia, araneis,

& squalore obsita est, ac mucida, & tibicine circumquaque fulta; in Epicureorum desertis agris, silix, & steriles dominantur auenae; Aristoteles paulo firmius stat inixus religionis nostrae arbori, quam tamen velut Hedera occultè destruit, ac depascitur; sed cadet ipse nihilo minus, quam caeteri, & qui foueam illi praeparant, ac naecem intentant, Telesius, Patritius, Cam- [page 99] panella, Basso, Gassendus, suas quoque vices habebunt: Eadem lex Imperijs etiam posita est, quorum nullum unquam potuit ab antiquissima memoria ad hoc usque tempus perennare, non Assyrium, non Persicum, non Graecum, aut Romanum: Eadem quoque Ciuitatibus imminet,

Atque vetus Thebae centum iacet obruta portis.

Nec familijs, ac nominibus parcit, quibus mors quotidie venit, non secus, ac monumentis, & ipsismet hominibus, qui quidem non particularibus tantum, & sporadicis morbis obnoxij sigillatim pereunt, sed incendijs, eluuione, peste, bello, fame, non aliter prorsus, quam vites grandine; aut segetes urente vento prosternuntur, demetunturque per saturam, quod equidem exemplo nobis esse debet, non adeo pertinaciter, quemadmodum fieri consueuit, quidquam statuendi de naturae ordine, ac uniuersi legibus; sed iugi, & assidua eiusmodi rerum meditatione, cogitationes potius assumendi, quibus mens nostra, velut in mundi centro constituta, res omnes circum se volui intueatur stabilis semper, semper sui iuris, & imperterrita. Tertium quod ad bonae mentis acquisitionem non parum facit illud est omni- [page 100] no, quod prisci sapientes sub imagine Protei πολυμορφοῦ nobis latenter insinuare voluerint; nimirum antiqua fermè omnia esse commentitia, rerumque primordia, nisi quae in libris diuinis leguntur, nulla esse constantis, ac non sublestae fidei; ut non immerito Arnobius cum aduersus paganos disputaret, in haec verba proruperit: *Falsitatis arguitis res nostras, & nos vestras arguimus falsitatis, sed antiquiora inquitis nostra sunt, ac per hoc fidei, &*

veritatis plenissima ; quasi vero errorum non antiquitas plenissima mater sit, & non ea peperit res eas, quae turpissimas Dei notas ignominiosis concinnauerint in fabulis ? Unde non modo ruunt, quae de genealogia Deorum, ac Heroum facinoribus Homerus, & alij cecinere ; sed quae de regnorum, populorumque ac Ciuitatum originibus non infimae etiam notae retulerunt historici ; gentes siquidem, pleraeque, & nationes, ignarae vetustatis, & verae, propriaeque seriei temporum, fabulosas quasdam origines confinxerunt, ut Thessali, qui ex lapidibus ortum suum repetebant, & Arcades, Atheniensesvè, quorum hi, se αὐτόκθονασ esse, illi vero astris, & Luna priores inepte asserebant : Sanè nullum adeo in historicorum lectione infantem esse [page 101] censeo, qui non statim videat, Herodotum, & Diodorum Siculum, ut de alijs taceam, initio suorum librorum caliginosa quaedam fabulamenta nobis, & offutias objjcere, quinimo Titus Liuius quamquam istis multo verecundior, cum Romanae Urbis, adeoque Romuli incunabula recenset, fateri alioqui cogitur veterum scriptorum commenta, qui ut magnis Auctoribus suas Ciuitates commendarent, usi sunt hac venia ; quam illis concedere aequum existimat, ut nimirum miscendo humana diuinis, primordia Urbium augustiora faciant, Nec mirum certè, cum & in ijs, quae nostra aetate, vel nonnunquam nobis videntibus accepta sunt, plerique scriptores oblique stylum accomodent, ac ambages, & mera somnia loquantur, tam vacui capitis nos esse reputant, qui illorum nugis aures adhibemus, aut potiùs tam se non bonae mentis compotes ostendunt, dum libros Euclionis domo persimiles componunt, quae inaneis tantum repleta erat, ac araneis, unde suspenso pede, magnaque semper adhibita cautione inter tot non modo historicorum, sed omnium ferè scriptorum mendacia incedendum est, quo minùs ipsorum telis, velut culices irretiamur, detineamurque. Quarum quod [page 102] paucis, aut à nemine potiùs animaduersum [fuissem rari ? v. l. fuisse mirari] satis non valeo, est, naturae vim ordinemque ità prorsus se habere, ut omnibus in rebus aliquid excrescat sordidum, & lutulentum, quod tolli, recidique conueniat, atque ea causa fruges, herbas, arbores, ferrum, terram, aquam, hominum denique, atque animalium corpora purgari, quae unica causa est cur veteres Mythologi prodiderint Gallos illos, Phrygios Ministros Cybeles, quam terram dixerunt exectos fuisse genitalibus, ostendere siquidem voluerunt, omnibus in rebus, quae terra gignerentur, aliquid increscere, quod esset continuo amputandum ; eademque ratione, Castorem animal Berecinthiae Matri, quam, & terram appellabant, dedicandum esse censuerunt, quia perrumpere sibi genitalia ipsa, morsuque perstringere feratur : Quod cum in caeteris rebus verum, tùm sanè in scientijs, & artibus verissimum depraehenditur, quarum nulla fermè est, quae postquam homines circa ea, quae in se utilia, ac essentialia sunt aliquandiù occupatos detinuit, eosdem in ea, quae merè superflua sunt, ac inepta, & ridicula non praecipitet, quamquam illud non tàm ab ipsis artibus procedat, quam ab ingenij, mentisque nostrae natura, quae cum [page 103] ignei cuiusdam vigoris sit particeps, & à cœlis in terrenum carcerem demissa, utriusque elementi naturam retinere solet, & à Cœlo, ut nunquam quiescat, ab igne, ut cuncta rimetur, ac penetret, ulteriusque semper procedat, obtinere ; unde postquam alicuius scientiae regulas, methodumque ac Systema compraehendit, nihilque ultra cum ratione, & fundamento in ipsa inuenire potest, ecce quam primum ad inania se demittit potiùs, quam quiescat, & cucurbitas pingit, laruasque ac lamias turres, & pectines Solis, seù mauis somnia, vanasque & imaginarias artes, quae non plus habeant in se veritatis, quam ipsarum Auctores bonae mentis, & iudicij : atque inde est, quod scientias vix unquam sinceras, ac certis limitibus definitas habere possimus cum Grammatica, ut ab illa primum incipiam, non solùm quaestiones friuolas, de quibus superiùs dictum est, secum annexas habeat, sed onomantiam insuper, alectromantiam, & dactylomantiam, quae diuinationes sunt, ex fortuito litterarum, ac nominum concursu excogitatae ; Rhetorica non modo praesidium quaerat in Arist. Quintiliani, vel Ciceronis praeceptionibus, sed in subsidium aduocet artis Notoriae orationes, imagines memoriae arti- [page 104] ficialis, rotas Lullij, Theatrum Iulij Camilli, Typocosmiam, Syntaxes Gregorij, Encyclopediae regulas, & si quid est aliud eiusmodi vanissimum; Dialectica lubenter se exerceat in summulistarum ampliatione, restrictione, obligatione, suppositione, & gerris similibus, ac sophismatis; Musica denique suos concentus, & modulos ad Cœlestis cuiusdam harmoniae imitationem componat; ut reliquis artibus praetermissis ad scientias maiores, ac velut reliquarum matrices deueniam, inter quas cum Physica, Medicina, necnon etiam Theologia praestantissimae semper habitae sint, sic quasdam appendices post se trahunt, quae licèt primo aspectu non indignae videantur studio, & inuestigatione sapientum, dum Astrologia conatur quidem superiorum in inferiora influxum, & dominatum recludere; Magia vero naturalem Philosophiam, à veritate speculationum ad magnitudinem operum reuocare contendit; atque etiam Chymia in se suscipit, corpora ipsa inquinata depurare, impedita liberare, immatura perficere; quibus demum adiuncta Cabala totius diuinae scripturae mysteria recludere, ac palam exhibere conspicienda profitetur; ipsae tamen tales in se, & in interiori sua ratio- [page 105] ne esse depraehenduntur, ut plus habeant ex phantasia, & fide, quam ex ratione, & demonstratione; quare consentaneum est etiam arbitrari vias, quae ad earundem fines deducunt plenissimas esse erroris, & nugarum, nosque tandem per varios, ac labyrintheos plexus ad iudiciariam, magiam superstitiosam, & alchymiam deducere; quas omnes cum enumeratis suprà caeterarum artium, velut sordibus, & excrementis ad pannuceas Baucides, & Planos, Agyrthas, Æruscatores, Scurras, Fumiuendulos, Nebulonesque Circumforaneos, quibus velut hamo lucrum expiscentur, & infami, ac propudiosae vitae suae consulant, ablegandas esse censeo; Simulo monitos velim ingenuae sortis adolescentes, ne se talibus unquam nugis irretiri patiantur, si bonae mentis opinionem, ac sapientiae adipisci student, aut semel adeptam retinere. Quintum, ac postremum, quod non modo velut praeceptum ad bonam mentem, sed tanquam etiam remedium affero ad illud, quod primum in studiorum usu homines peccare supra notaui ; verum philosophandi genus insinuat, iudicio, & existimatione rerum liberum, non autem opinione, aut affectione constrictum ; à quo immane quantum illi discedunt, [page 106] qui primum ante tenentur astricti, quam quid esset optimum iudicare potuerint, quique infirmissimo tempore aetatis, aut obsequuti amico cuidam, aut una alicuius, quem primum audierint oratione capti, de rebus incognitis iudicant, & ad quamcumque sunt sectam, quasi tempestate delati, ad eam tanquam ad saxum adhaerescunt, ex quo hic verum sit, ac rectae rationi consentaneum, tàm Hercle vident, quàm Solem Cimmerij, aut qui in illuni nocte ambulant iter dispiciunt : & vero si in his emendis, & contrahendis, quae ad corporis usum, & cultum pertinent tantum diligentiae adhibetur, ut non nisi magno cum delectu quidquam emas ; nec si mercator aliquis merces suas, quas venales exhibet optimas esse iure iurando, confirmarit, idcirco plus eius testimonio, quam tuo iudicio tribuas, quanto maiori studio, & consideratione merces animorum, quas philosophi nobis venditant explorandas, & deligendas esse arbitraris ? sunt autem illi ipsi mercatores, atque institores sapientiae ; itàque si quid in Platonis sermonibus, aut Archesilea Epoche commodum tibi, & utile est, illud accipe ; si quid boni in hortis Epicuri virescit, hoc collige ; si quid melius Lycaeum profert quantum [page 107] quomodo videtur assume ; si magis sunt vendibiles Zenonis, quam Aristotelis merces, ad istius Porticum diuerte ; si omnes aliquid attulerint, quod tibi non mediocriter arrideat, hoc ipsum à singulis accipe ; uni tantum veritati consequendae undecumque illa haberi possit addictus, nec huius, aut alterius, Aristotelis, aut Platonis, Diui Thomae, vel Scoti, Hippocratis, vel Paracelsi, Ptolomei, vel Tychonis opinioni mancipatus, sed liber, ac velut omnium iudex, & arbiter constitutus ; sic enim cum oportet esse quisquis volet rectè, & constanter de omnibus rebus iudicare. His igitur quinque fundamentis, ac velut praecognitis quicumque mentem, animumque informatum habuerit, is dubio procul magnos iam progressus in bonae mentis adoptione se fecisse existimet; nihilque ultra expectet, quo minus actiones illas edat in reliquo vitae decursu, quae ipsum à communi, vilissimaque mortalium faece secernere possunt, & in aeternum commendare augustissima, rarissimaque sapientis animi possessione. Et vero cum illae ipsae actiones in omni quidem hominum genere, sed praesertim studiosorum elucescant, restat nunc paucis absoluam, quales se gerere debent liberalibus studijs [page 108] addicti, ne duobus morbis, quos postremum recensui simul cum reliquis corripiantur, diuexenturque. Quantum igitur ad illum spectat, qui in deprauato studiorum usu consistit, dum leuia quaedam, ac prorsus inepta sectamur, qualia sunt Ausonij, & Capiluporum centones, Diauli Mestrali; Rabani, Porphyrij Optatiani, & Moninij, Acrosticha, & quicquid eiusmodi ludorum excogitare solent adolescentes; quamquam de ipsis iam antea fusè dictum sit, addam nihilominus hic valdè mihi probari Alexandri Magni iudicium, ac praemium, in re non admodum dissimili. Hic enim hominem solo oris halitu cicera minutissima, ex magno interuallo in acum certissime infigentem, cicerum modio donari voluit, quo se ille nugator in tam ludicrae artis fatuitate diutiùs exerceret: simili autem praemio cur non digni sint, qui istas operosas ineptias sectantur, queis nec litteratior fit quispiam, nec melior, nullus sanè video? quamobrem, cum non modo turpè fit viros graues, ac eruditos leuia sectari, & cum per plana, ac aequalia iter facere possint, Caprarum instar per rupes, & salebras, ac abrupta incedere; sed odiosa quoque res sit difficiles habere nugas, & stultus fit labor ineptiarum; nun- [page 109] quam debent adeo viles, & abiectas cogitationes assumere litterati, ut ad haec fatua, & ridicula animum demittant, in quibus, qui se subtiliores ostendunt, hoc insuper obtinent, ut stultiores etiam iudicentur. Neque vero leuius peccare existimandi sunt, qui rerum ignoratione, imbecillitateque mentis, ac inconstantia subinde fluctuant, popularium opinionum torrente illuc raptati, undè se reducere non possunt absque suae existimationis graui iactura, & periculo, ut rectè dixerit Horatius.

Non qui Sydonio contendere callidus ostro
Nescit Aquinatem potantia vellera succum [fucum],
Certius accipiet damnum, propiusque medullis;
Quam qui non poterit vero distinguere falsum.

Praeterquam, quod enim falsis opinionibus imbuti decipiuntur, & decipiunt, quod in viro sapiente, ac bono absurdum censetur, viam quoque sibi praecludunt ad ulteriorem rerum, ac causarum indagationem, quod est erudito homine prorsus indignum; quare ut huic malo obuiam eatur, effingendus est animus ad exemplar heroicae fortitudinis, qui res omnes attento despiciat, intrepidè exploret, acutè discutiat; non Multitudini credens, quia non tam benè cum rebus humanis geritur, ut meli- [page 110] ora pluribus placeant; Non Prophetis, nisi qui signa dederint, quoniam pauci Spiritu Sancto agitantur: omnes fermè humore melancholico, fastu, vel intempestiua deuotione; non Astrologis, quia tot iacula cum emittant, mirum non est aliquod tangere non Alchymistis, quoniam ab ijs drachmam petunt, quibus thesauros pollicentur; non Famae, quia tàm ficti, prauique tenax, quam nuncia veri describitur à Poetis; sed uni tantùm euidentissimae, ac constantissimae Rationi. Quomodo autem comparari possit egregia ista, ac prorsus heroica animi fortitudo, quae bonae mentis est soboles, ac fructus longe omnium suauissimus, iucundissimusque frustra essem, si vellem hic dicere, postquam de ijs supra disserui, quae ad istius bonae mentis consecutionem omnino sunt requisita:

Atque, ut verum sit quod cupiosior erat hic locus, & dignior qui pluribus diceretur, quemque ego aliquando exactiori cura mihi puto dicendum, quando hic praecipuus esse videtur longi laboris, sollicitudinisque in studia collocatae fructus, nescio tamen, Fabrici nobilissime, quo modo aestus singularis mei in te amoris, dum me continuo ad hoc tibi muneris transmittendum sollicitat, hoc etiam effecit, ut [page 111] paucioribus illud elaborarem, & absoluerem paginis, quam initio fuerat mihi propositum : Certe impulerunt me vehementer egregia tua Virtus, & Nobilitas, quae nihil infimum petunt, nihil sordidum, aut commune, ut grandius aliquod ingenij donum honori tuo inscriberem : Tuum est modo, Fortunatissime Iuuenis, sic meis praeceptis, sic Patris amore, atque indulgentia, sic Parentum exemplis, ad ea, quae te ipso digna sunt accendi, ut nouum in tuam familiam decus inferre possis, praeclaramque consuetudinem in ea retinere, laudis non expetendae modo ; sed consequendae.

FINIS.

REMARQUE

Le texte a été transcrit sans retouche tel qu'il figure dans l'édition de 1633. La ponctuation est celle (assez erratique et aléatoire) des ouvrages de cette époque ; elle n'a pas été modifiée : seules quelques virgules ont été ajoutées. Les erreurs typographiques et orthographiques ont été maintenues, sauf exceptions signalées par des crochets carrés [ ]. Le texte ne fait l'objet d'aucun apparat critique au sens proprement philologique ; seules sont signalées des incongruités flagrantes.

Gabriel Naudé
de Paris

TRAITÉ SUR L'ÉDUCATION HUMANISTE

Pour le très noble jeune
FABRIZIO
de la famille des comtes Guidi di Bagno[1]
FILS
de Nicolas marquis de Montebello[2]
Deuxième édition.

[première édition, 1632]
Rimini, Giovanni Simbenio, 1633.

Le 25 septembre 1633.

Autorisation d'imprimer à
F. Thomas Petrus Bellus de Camurano[3]
Inspecteur général à Rimini, etc.

Le 26 septembre 1633.

Autorisation d'imprimer à
Ioannes Antonius Sarzettus
Vicaire général à Rimini

PRÉFACE DE L'AUTEUR

AU LECTEUR

SOUVENT, et à de nombreuses reprises, je me suis demandé, Lecteur bienveillant, si ce fruit de mon esprit que je porte à la connaissance publique des hommes et soumets à la critique des érudits était prématuré et, en raison des divers déplacements qui me furent fréquemment imposés, inégal peut-être en tous points, et déséquilibré dans l'ensemble. C'est que j'avais tout lieu de craindre, comme le dit le proverbe relatif à la Chienne[4]*, qui à force de se hâter se trouve mettre bas des chiots chassieux, que ce reproche précisément ne me fût adressé par ceux qui sont accoutumés à juger avec bien peu de candeur et d'honnêteté les travaux des autres : ou du moins je ferais l'expérience qu'il est extrêmement difficile, comme le remarqua Apulée*[5]*, de mériter le double compliment de la rapidité et du zèle. Ensuite, il me semblait en général ardu, et fort difficile, de réaliser quelque chose de nouveau et d'inédit en matière de conseils et de préceptes de ce type, que tant d'hommes certes avancés en âge, et de loin les plus illustres de tous par la science et l'excellence de leur jugement, ont déjà abordés avec tant de finesse et de verve qu'ils semblent avoir retiré aux autres tout espoir d'acquérir quelque éloge et gloire par une entreprise similaire. Mais, à vrai dire, en tournant mes pensées de tous côtés, afin de décider ce qu'après réflexion je devais faire finalement, je ne pus rien trouver de mieux ou qui fût plus approprié à mon talent et à l'usage traditionnel de mes études que d'exposer, à la manière d'Apelle*[6] *ou de Protogène*[7]*, pour ainsi dire publiquement en devanture, à la vue et à l'appréciation de tous, ce tableau fraîchement peint par moi, dans l'espoir qu'il n'aurait pas à rencontrer d'Aristarque*[8] *plus sévères que mes autres livres, et ne serait pas plus que ces derniers délaissé par l'approbation publique. Même s'il est vrai qu'avant moi plusieurs auteurs certes ont formulé de nombreuses remarques excellentes sur le système des études, ce n'était pas une raison toutefois pour perdre courage, ou pour que,* *l'occasion s'étant présentée, plus favorable et plus flatteuse qu'on ne pouvait l'espérer, je me montrasse découragé par les travaux et les efforts des autres. Car en outre, je pus difficilement savoir et me rappeler ce qu'eux-mêmes prescrivirent sur une telle matière, lorsque, privé non seulement de la lecture de ces derniers, mais de presque tout recours aux livres, je me mis à écrire. Cela, de surcroît, me revigora fortement et me donna pour ainsi dire un coup d'éperon et d'aiguillon, à la façon que chanta avec justesse un poète très raffiné dans sa* Cyclopédie[9].

Les violettes ne flétrissent point, bien que Rose resplendisse
au nom de la flore, ou que l'éclat lustré mette en valeur les lis,
Il ne divaguera pas celui auquel fait défaut l'intelligence d'Ulysse.
Ni ne sera muet tout individu qu'ignore la Muse de Virgile ;
L'éclat de l'argent ne pâlit pas si l'or étincelle.
Hector n'en prend pas moins les armes
si Ajax fulmine plus fort[10].

Ou si tu préfères entendre un lyrique d'un âge plus raffiné,

Si le grand Homère en haut de l'Hélicon[11]
Trône le premier, Alcée[12] et Stésichore[13],
Et Pindare[14] et Simonide[15] encore,
Graves et fiers, ont aussi leur renom[16].

Si l'avis des poètes semble vraiment trop défavorable pour qu'il puisse en être fait énergiquement le plus grand cas ici dans ma propre défense, vais-je citer alors comme témoin échappant pleinement à toute réserve Sénèque[17]*, qui par les mots que voici*[18] *exhorte son ami Lucilius*[19]*, lequel, se trouvant en Sicile, voulait aussi composer quelque poème sur l'Etna,* à aborder un lieu commun à tous les poètes, que rien ne retint

Ovide[20] de traiter, comme Virgile déjà l'avait fait, et aucun des deux non plus n'en détourna Cornelius Severus[21]. *Pour ce qui est de moi en tout cas, je n'ai jamais craint que ne m'arrivât ce qui arriva aux Parasites*[22] *et aux Potitii*[23], *un peu plus sérieusement, à ceux qui firent honneur au festin et à l'hospitalité d'Hercule, je veux dire que je m'attablais vide et à jeun ; surtout que le traitement des études est si fécond et riche en lui-même qu'il n'a pas encore été pleinement exploré ni si complètement épuisé qu'il ne nous reste pas dans le présent traité une plus ample matière à examiner qui peut-être ne te déplaira pas. Mais rien ne presse davantage que non seulement je n'aie pas commencé d'abord à Gaète*[24], *puis à Montescudo*[25], *et enfin à Urbino*[26] *(des lieux où je dus me rendre en compagnie de mon très éminent mécène en l'espace de deux mois), mais même complètement achevé. Bien que dès lors je doive plutôt recevoir un bon augure, et m'attendre de ta part à un jugement tout à fait bienveillant et favorable, toi surtout qui n'ignores pas que Mercure à trois têtes fut vénéré par les Anciens et que trois Muses seulement furent instituées par Éphore*[27], *Varron*[28], *Ausone*[29], *et que trois fleuves furent assignés autrefois par Pausanias*[30] *à Minerve, sans doute en Béotie, en Thessalie et en Libye ; comme s'il avait été décidé que tout ce qui touche aux lettres dût se résoudre au mieux par le chiffre trois et aucun autre. Mais on ne s'écartera pas complètement de l'objectif de vérité en choisissant d'assimiler les trois lieux que j'ai évoqués plus haut aux trois fleuves de Minerve s'épanchant du lait perpétuel des sciences, vu que cet éloge, à vrai dire, semble avoir été toujours ajusté et naturel à Urbino, qu'elle revendiqua même jadis à bon droit pour elle-même, à travers* ses Polydore[31], ses Commandini[32], ses Corboli[33], ses Baldi[34], ses Mazza[35], ses Bonaventure[36], *et qu'à notre époque aussi elle conserve intact et entier à travers* les Veterani[37], les Battiferri[38], les Michalorio[39], les Venturello[40], les Pucci[41], les Ubaldini[42], les Odasio[43], les Semproni[44], les Manasangue[45], les Bartolini[46], les Galli[47], les Fabretti[48], les Vincenzi[49], *par les excellents travaux et études desquels en vérité la très illustre* Académie des Sourds, *qui résonne de leur lecture répétée, se distingue tellement parmi les autres académies du Picenum*[50].

Autant que les cyprès parmi les viornes souples[51].

Mais cette retraite de Montescudo ne fut pas des plus plaisantes, d'où au milieu d'une bigarrure entrecoupée de tant de petites montagnes et de petites collines ondoyant pour ainsi dire comme des flots sur un pré verdoyant et une molle plaine, vue de loin s'étend sur la plus vaste étendue possible, d'un côté en direction de la mer souvent labourée par des vaisseaux ailés, de l'autre par les monts Carpineo[52] *et Sacchetti*[53] *au sommet creux, aux pentes escarpées, hérissés de buissons, d'un autre côté enfin*

En direction des précipices de San Marino[54]
et des parois touchant le ciel étoilé[55].

Ce lieu, dis-je, ne fut doté par la nature d'un emplacement si agréable et plaisant que pour être en mesure d'accueillir plus aisément et dignement, avec l'hospitalité idoine qui précisément leur est due, les Muses en voyage parfois et visitant les flots sinueux du Crustumium[56] *coulant à leurs pieds comme d'un autre Permesse*[57] *; un homme en tout cas est garant qu'un jour elles auraient été surprises là par lui, qui mérite d'être compté au nombre des historiens éminents*, Flavio Biondo[58] de Forli, *parce que lors d'un séjour là-bas il rédigea et paracheva en outre des ouvrages qui de tout temps ont été tenus par tous en très haute estime.*

Tantôt grâce aux livres des anciens, tantôt grâce au sommeil
et à des moments d'inactivité ménager
des pauses agréables dans une vie agitée[59].

C'est pourquoi, seul me chagrine le fait d'avoir accompli tout ce travail et cette tâche avec une hâte un peu excessive, mais le temps qui me parut nécessaire à sa rédaction, comme s'il ne devait peut-être pas revenir une autre fois, je décidai en moi-même de le saisir assez vite, et non si j'en retirerais un éloge, moins agréablement vif, ou paisiblement, pour la raison qu'en écrivant je ne l'ai pas recherché certes, ni rien d'autre, hormis le fait de servir à la fois l'intérêt et la cause d'abord de celui auquel j'écris, ensuite de tous les autres qui ont à cœur les études. Aussi si mon talent ne fut pas à la hauteur de mon intention, je ne dois pas incriminer ma témérité ou mon arrogance, mais ma lenteur ou mon incompétence.

DISTIQUE

de Jacopo Michalorio
d'Urbino.

Pour le très noble comte
Fabrizio
de la famille des comtes Guidi di Bagno.

Aristote dévoile les secrets cachés de la Sagesse.
Mais ce Livre te conduit vers ceux de Naudé.

De Federico Ubaldini[60], Académicien d'Urbino.

ODE

sur Fabrizio de la famille
des comtes Guidi di Bagno.

Je vois s'engager sur les flots de la sagesse
Dans une solide embarcation le jeune homme,
Auquel l'astre rouge du ciel prophétique
Se présente favorablement comme la Petite Ourse.

Et sous la conduite de Naudé, elle fuit le rivage des Syrtes[61]
Déjà abandonné et les rochers escarpés,
Pour entrer bientôt, sous un bon augure,
Au port paisible de Cirrha[62].

Rejeton de Zeus, dépouille alors
Les retraites des feuillages ombrageux,
Jeune fille, et orne de laurier les pieuses couronnes,
Doctes récompenses de ton front.

AU SIEUR GABRIEL NAUDÉ

En hommage au présent Livre Sur l'éducation humaniste,
et à un discours qu'il publia sur les Poisons.

Par le sieur Giov. Leone Semproni.

Dans la grande mer des études, où souvent les autres
Se noient, tu es la constellation des esprits naufragés,
Toi qui lumineusement montres
Entre les rochers et les golfes le pôle et le port.

Donc il arrivera que, tel un nocher expérimenté,
Tout esprit poli rejette et dédaigne
Les bornes augustes des colonnes d'Hercule,
Guidé et accompagné par la clarté de tes rayons.

Tes cartes illustres et célèbres montrent
Quel vent repousse les tempêtes et lequel
Dans l'esprit soulève de noirs orages.

Dès lors, celui qui ne veut pas une gloire éphémère et fragile,
Qu'il te suive, bon Naudé, toi auquel les étoiles ont donné
Encore une vie immortelle au milieu des poisons.

AU MÊME

Du Sieur Vittorio Bartolini[63]

Grâce à la sagesse si solide que tu affiches,
NAUDÉ, tu déploies la haute idée de ton esprit sublime
Jusqu'à devancer ceux qui eurent la langue
Et le cœur remplis de philosophie.

Alors avec le docte style de tes paroles,
Pilier et soutien de la langue latine,
Montre la voie qui conduit au royaume
Où la perfection possède une valeur véritable.

Puis le temps insatiable dont on se plaint
Aura vu toute sa force domptée,
Lorsque tu auras montré comment l'accompagner.

Une intelligence grisonnante possède une tête non grisonnante,
Grâce à laquelle l'antique et grande maison des BAGNO
N'envie plus à Rome son FABRIZIO[64].

De Gabriel Naudé
de Paris.

TRAITÉ SUR L'ÉDUCATION HUMANISTE.

Pour le très noble jeune
Fabrizio
de la famille des comtes Guidi di Bagno.

TA NATURE vraiment remarquable, très noble Fabrizio, par l'exemple assurément illustre de tant d'ancêtres dont l'éclat précéda le tien, non seulement fut heureusement stimulée, comme par quelque aiguillon, à la gloire et au renom immortel, mais aussi pleinement affermie ; si bien que moi je supportai vraiment avec difficulté et d'un esprit peu favorable que l'occasion ne m'eût pas encore été offerte (que, plus que tout le reste, j'ai toujours vivement souhaitée) de te rencontrer plus près et intimement. Et ce désir qui est le mien, ou plutôt le chagrin né de cet immense désir stérile s'est trouvé considérablement accru par le jugement peu commun que portent sur toi nos courtisans Della Torre[65] et Slingeland[66] : eux-mêmes, en effet, après t'avoir accueilli cordialement en présence du très éminent cardinal ton oncle, ne parlent de rien avec un plus grand plaisir ou plus de complaisance que de ton apparence élégante, et de ta beauté, qui offre je ne sais quoi de supérieur au sort commun des autres, et de ta parfaite innocence, et de tes habitudes de vie, qui exhalent surtout le prestige antique de ta race, largement tempéré par une affabilité vraiment singulière, et te valent à ce point l'affection de tous ceux qui t'approchent qu'il n'existe pas d'attrait aussi grand dans la pierre de Pentaure[67], qui attire facilement à soi ce qui se trouve à proximité, ni l'aimant qui attire le fer, ou l'ambre, qui attire la paille, ou tel bitume qui enflamme immédiatement tout ce qui vient à l'approcher, autant que tu as à ta disposition de charme et de vigueur propre à te concilier tous les esprits. C'est un fait notable que les princes de ta Maison se distinguent des familles des autres, de la même façon que parmi les Thébains les Spartiates se distinguent par leur épée, et les Séleucides par une ancre d'une singulière vigueur naturelle, et les Athéniens par des cigales peintes sur le corps, ou les Romains des lunules[68], qu'ils avaient coutume de porter en témoignage de leur très ancienne noblesse ; les uns les portaient peintes sur leurs chaussures et dessinées artistement en or ou en argent ; les autres les portaient entrelacées à leurs cheveux, afin de gagner le mérite de la beauté par ce nouvel ornement. Quiconque t'a regardé une fois, comte Fabrizio, toi dont l'apparence est noble comme Acilianus[69], rehaussé par l'importante vigueur et pourpre du teint, et la beauté délicate de tout ton corps, et une sorte de prestance sénatoriale ; celle-ci, à vrai dire, ne recèle pas de quoi chercher ailleurs ce trait de douceur et de bienveillance qui depuis toujours assurément caractérise ta famille, tout en s'accordant à la clémence particulière des Grâces, en ton oncle très éminent, aussi mon très généreux mécène, d'une manière si remarquable que par son apparence noble et douce, ou, pour le dire plutôt comme Arnobe[70], par la dignité de sa mine, il attire sur lui les regards de tous, force les esprits de tous à l'aimer et à le désirer. Il n'est pas étonnant certes que, doté des mêmes attraits naturels, comme de philtres assez puissants, tu gagnes aussi une partie de la faveur et de l'assentiment publics.

Comme le petit laurier du Parnasse,
il s'abrite à l'ombre géante de sa mère[71].

Or il me faut plutôt déplorer que par l'apparence de ta valeur naissante et le charme bourgeonnant de tant de fleurs, que tu arbores chaque jour en ta jeunesse florissante, comme prémices de la moisson très fertile, je n'aie pu être ranimé et régénéré, ni en même temps faire connaître mon sentiment et ma disposition d'esprit, témoin de mon intention ajustée à tes intérêts, de vive voix, ce qui produit toujours un meilleur effet, et par une sorte de déférence immédiate : sans herser ni biner par un soin renouvelé le champ fertile de ton génie, cultivé autrefois avec un zèle remarquable par ton très savant Ricci[72], mais en l'alimentant et en l'amendant par des promesses favorables et même des conversations familières, à la hâte, et sous la forme du moins dont je serais capable. Or je m'acquitterai tout simplement de mon devoir comme si je t'avais rencontré en passant. Et de même qu'en nous consacrant aux réalités divines nous tournons nos visages vers la région du ciel d'où surgit la lumière, de même dans cette façon de seconder les efforts des mortels par notre zèle, qui me semble une chose vraiment sacrée, je considérerai l'éclat très brillant de ta valeur naissante, d'où que je puisse, et pour la formation des esprits je te prescrirai ce dont tu aurais le moins besoin de tous, puisque

Tes membres ayant été dotés d'une belle prestance,
les dieux ont pourvu tes membres d'un souffle semblable[73].

Cela toutefois ne m'importe pas peu, à moi qui ai décidé de me vouer et de me consacrer personnellement à la gloire de ta famille, autant que la bienveillance peu commune de Giov. Francisco de la famille des comtes Guidi di Bagno, ton oncle vraiment très éminent, m'a attaché à lui, en saisissant cette occasion de divulguer à tous, en même temps que de mériter, ta faveur, et de servir avec plaisir les souhaits assez pressants de ton père, le très excellent marquis de Montebello, qu'il formule de bon cœur pour le meilleur de ton instruction.

Pour moi, comte Fabrizio, qui réfléchis assez souvent à ce type de sujet, une seule chose avant tout me semble admirable, à savoir qu'il existe apparemment tant d'hommes pourvus de dispositions heureuses et d'une longue pratique des choses et des sciences, qui ont entrepris de traiter ce sujet, j'entends par là les Guarini[74], les Agricola[75], les Érasme[76], les Ringelberg[77], et tous les autres qui se trouvent inventoriés pêle-mêle chez Alsted[78] ; tous ceux-là, dis-je, uniquement en matière de préceptes grammaticaux et de refrains familiers, ou bien ont rendu publique la somme de leurs recommandations pour les enfants, et ont publié de longs commentaires sur l'organisation des études, l'élégance du style, l'abondance des phrases, le choix des expressions, l'imitation des auteurs, la manière de lire, de choisir des extraits et de discourir, le temps de sommeil, la quantité de nourriture, l'exercice physique et les autres sujets de ce type : il eût été de loin préférable d'abandonner l'organisation de ces sujets à l'arbitrage des instructeurs de la jeunesse, conformément aux règles déjà édictées à l'Académie, ou aux mœurs des disciples et à la nature ; et qu'aucune recommandation jamais ne fût émise sur la pratique des études et leur application aux différents arts, et sur les matières générales qui éveillent et ornent l'esprit, et qui ajoutent aux connaissances et aux actions de plus savants l'éclat sans lequel elles sont complètement informes, ou du moins insipides, vaines, ridicules, privées du poids de leur grandeur, et guère éloignées de celles que Pétrone[79] moque chez les jeunes gens que n'a pas encore adoucis une lecture austère, ou que les Comiques imputent aux savants et aux pédagogues. Aussi cela ne doit surprendre personne si presque tous ont été formés par des préceptes de ce type, une fois sortis de l'ombre de cet entraînement privé, pour s'avancer dans la lumière publique des hommes.

Le peuple se moque d'eux, et la jeunesse puissamment musclée
réitère ses rires nerveux en fronçant le nez[80].

Pour nulle autre raison, à vrai dire, sinon que nourris de connaissances humanistes, mais d'une manière indigne d'un homme libre et par une méthode trop sévère et vraiment grossière, tandis qu'ils s'emploient pleinement à mémoriser les auteurs et à restituer scrupuleusement leur phraséologie, ils n'entendent ni ne voient rien de ce dont nous possédons l'usage ; enfin les voilà transportés par l'audace de l'entreprise, et ils délaissent tout le reste ; ils renoncent à la manière déliée et puriste de s'exprimer, ils ignorent les usages d'une vie plus raffinée : ils négligent l'histoire, maîtresse et guide d'une vie agréable et heureuse, dont découle l'usage de toute chose, et qui procure toute la compétence nécessaire à l'établissement et à l'administration de la République, enfin ils ne connaissent eux-mêmes ni la voie qui conduit à la place publique, ni le lieu où se réunit le Sénat, où s'assemble le peuple, où se règlent les litiges : ils ignorent les lois, les décrets, les édits de la Cité ; même en rêve ils n'imaginent pas l'affairement des candidats, les réunions et les festins : ils font surtout en sorte d'éviter, si par la suite les préteurs siègent pour légiférer, qu'on ne leur demande leur avis au sénat ou que leur soit imposée la charge de parler publiquement ou de traiter d'une affaire selon le cas privée ou publique, d'éviter non seulement de croire qu'ils ont été transportés sur une autre planète, mais d'arracher parfois un rire à l'auditoire, lorsqu'ils profèrent des extravagances ou délirent, et palabrent à tort et à travers, et que tout leur discours est aussi négligé qu'improvisé. Si bien que les Grecs ont parfaitement raison d'appeler cette catégorie d'hommes des artisans du vide[81], en employant un terme ajusté à l'ensemble de leur mode de vie ; les Français les appellent des pédants, d'un terme moins général, mais approprié uniquement à la République des lettres et à ce qui s'y rapporte : puisque, dotés seulement d'un jugement puéril et de manières immatures, après avoir perdu beaucoup de temps à débiter des fadaises, ils deviennent complètement inutiles à la République et ne peuvent appliquer leur esprit à des tâches sérieuses ; de la même façon, à vrai dire, que s'ils étaient nés à la quatrième lune, ou par la colère de Zeus, chassés dans ce vil et ignoble moulin des lettrés. C'est pourquoi, il advint que non sans l'avoir mérité certes, aux époques les plus sages de la Grèce et de Rome, qui doivent nous servir d'exemples de ce qui exista de plus remarquable dans le système des études, ils ne furent pas seulement critiqués parfois par les auteurs les plus sévères, ni suscitèrent la colère des satiristes, les énergiques bravos de Perse[82] et le ressentiment très violent de Juvénal, mais ils attirèrent surtout sur leur tête les quolibets et les railleries des auteurs comiques, comme des nuages et des vents du nord-est ; chez eux, hormis les paysans, les vieilles femmes, les servantes, les fanfarons et les parasites, qui arboraient une plaisante infamie, les esclaves non plus n'occupèrent pas la dernière place, se jouant du public des spectateurs par leur ignorance, leur stupidité ou leur malice. Sur les cinq catégories existantes, la seconde était appelée *hegemon*[83] [guide, conducteur], dont Jules César Scaliger[84] suppose que la tâche était de conduire les fils de la maison au gymnase, à l'école, aux temples, de les ramener à la maison, et de les accompagner, comme le personnage de Géta dans le *Phormion* de Térence[85] ; or les Grecs représentaient en roux les pédagogues de ce type, les cheveux tondus en forme de couronne, les sourcils proéminents, ridicules à cause de la sévérité artificielle et simulée de leurs traits. Mais il ne manqua pas non plus, parmi les modernes, d'hommes vraiment sérieux, parmi lesquels je nommerai pour leur prestige nos deux compatriotes Michel de Montaigne[86] et Pierre Charron[87], qui exhortèrent à éviter ce défaut comme étant le fléau des intelligences, absolument contraire à un esprit bien fait, pire qu'un chien et qu'un serpent ; pour ne rien dire pour le moment de Buchanan[88] et de Palingenius[89], qui semblent avoir affûté plus d'une fois leur plume contre de tels éducateurs aussi maladroits de la jeunesse, contre les mœurs et les principes desquels s'irrita le deuxième, Estoilé[90] autant par le prestige de son action et de sa science que par son nom, au point qu'il ne put pas finalement ne pas achever la description qu'il avait entreprise d'un certain Orbilius[91] le fouettard, par ces vers piquants et rehaussés d'une tonalité caustique.

Tête digne de l'hellébore, tu nourris ainsi les poitrines
aveugles

et engraisses les ignorants avec ces aliments,
L'âge tendre et effronté a pour condiment ce sel !
Vous corrupteurs sans respect de la jeunesse[92] *!*

Tout cela du moins, je l'ai exposé d'autant plus abondamment et volontiers à propos de cette méthode corrompue et dépravée aussi bien d'enseigner que d'apprendre, comte Fabrizio, puisque surgis du marais de Lerne[93] pour ainsi dire, ou de la boîte de Pandore[94], tous les maux se répandent sur la vie commune des lettrés, que sous ta conduite et sous d'heureux auspices, nous avons entrepris maintenant de critiquer et d'abattre ; l'usage, en effet, s'en est presque toujours maintenu, si bien qu'excepté en fait ceux qui se sustentent uniquement au milieu des discussions d'école, moins aptes à gérer les affaires ils s'esquivent en général ; de plus, ce nom de littérateurs, comme une sorte de mauvais augure, et s'il est permis de parler ainsi, comme un péché originel, ils le supportent autrement, en ce que, plus tard, tout péché qu'ils ont eux-mêmes commis, par fatalité, faiblesse humaine ou nécessité inéluctable, se trouve généralement rejeté aussitôt par des individus féroces au jugement assez peu amène, même si du fait des erreurs de tous les autres qui n'ont pas le moindre vernis de culture, ou seulement infime, mille sortes d'excuses se trouvent alléguées par les mêmes invoquant comme faute n'importe quelle autre raison que ce grand crime d'érudition excessive. Et pour ce qui me regarde, à vrai dire, je ne serais pas non plus d'un avis bien différent du leur, s'ils en usaient avec plus de douceur et de modération envers les plus innocents de tous les hommes qui par une observation déjà longue ont appris à ne nuire en rien également aux arts libéraux et aux études humanistes, qui adoucissent et tempèrent les mœurs, et poussent les hommes bien avisés et habiles à embrasser honorablement n'importe quel sujet plutôt que ce vice d'une éducation dépravée, par lequel ensuite comme aveuglés et à la manière des Andabates[95], ils se trouvent précipités dans toute sorte de vanité, de bêtise et d'erreur. C'est pourquoi, je crois devoir m'employer de toutes mes forces surtout à l'unique tâche suivante : rendre publics les éléments déjà exposés au regard par la laideur du virus que les meilleurs jeunes gens de bonne famille contractent par étapes dans les écoles, ce qui est précisément une raison de l'esquiver ; voilà, me semble-t-il, l'essentiel de notre projet ; si cet obstacle n'est pas écarté une fois pour toutes de la voie des études, aucune entrave plus grande ne peut empêcher que les études humanistes elles-mêmes ne soient jugées fort dignes aussi d'un honnête homme, c'est-à-dire formé à tout type de vie civile et au goût. Or, pour y parvenir plus aisément, il m'a semblé que deux parties constituaient tout l'enseignement principalement tenu pour nécessaire à cette fin, dont l'une prescrira les devoirs d'apprendre et de fréquenter le Lycée[96] ou l'Académie[97], l'autre, grâce à l'acquisition d'un esprit bien fait, convertira sagement le fruit des études, et toute leur utilité, en l'exercice zélé de tous devoirs de la vie civile ; en même temps, elle définira une manière de faire usage légitimement des études elles-mêmes, et de se garder de celles qui définissent l'usage courant des érudits, généralement plus âpre et plus ardu. Dans le traitement de ces deux parties, j'insisterai surtout sur les matières générales, vu que les matières particulières ne peuvent être prescrites que très difficilement, ou bien ramenées à la méthode d'un art ou d'une science, et que pour tout individu cette dernière doit être confiée comme médecine de l'esprit autant que du corps au savoir-faire des artisans, auxquels il importe surtout d'adapter les règles de leur art universel aux caractéristiques spécifiques du sujet qu'ils ont entre les mains.

Tout comme, par conséquent, on se concilie Mercure[98] au moment de se mettre en route pour un long voyage, et que l'on gagne la faveur des dieux des rues, sous les auspices desquels on souhaite cheminer favorablement ; et lorsque les marins eux-mêmes naviguent en haute mer, ils suivent continuellement du regard la Petite Ourse comme un guide de la traversée entreprise, de même pour le jeune homme s'arrêtant d'abord au carrefour d'Hercule[99], divers guides lui furent prescrits aussi par les meilleurs auteurs, grâce auxquels, comme par des moyens absolument nécessaires, son esprit pourrait cheminer des bornes de son désir vers le but visé des connaissances. Même s'il faut reconnaître franchement que dans le choix de ces derniers la diversité et le mélange ne se trouvent pas être moindres que pour les autres sujets sur lesquels les hommes dans leur diversité voulurent un jour quelque peu statuer, à leur manière ou selon leur génie. Si Marsile Ficin[100], le célèbre apologiste de la philosophie platonicienne, attaché aux pas de son précepteur, qui expose scrupuleusement de nombreux points, définit neuf guides dans ce parcours, dont les trois premiers, à vrai dire, nous emmèneraient dans le ciel, les trois suivants dans l'âme, les trois derniers sur la terre ; de là, s'il faut l'en croire, le grand Mercure céleste, qui se présente le premier de tous, nous pousse ou nous exhorte à nous mettre en quête sur le chemin des Muses ; ensuite Phébus lui-même éclaire de son rayonnement les esprits acharnés à la recherche des causes autant que les choses recherchées, avec une telle profusion que ce qui nous restait précisément caché se découvre à nous avec clarté. S'y ajoute la très obligeante Vénus, grâce au prodigieux et bienfaisant charme de laquelle ce qui fut recherché à l'instigation de Mercure et avait été découvert déjà sous l'égide de Phébus puisse toujours plaire et être utile : suivent à ses côtés trois guides sur ce chemin de l'esprit, à savoir la volonté ardente et ferme, la sagacité de l'esprit et une solide mémoire : les trois derniers, sur terre, sont un père de famille très avisé, un précepteur très estimé, et un médecin très savant : et il s'efforce de nous procurer tous les autres guides divins, et dès le départ des dispositions naturelles, et de subordonner les trois autres à notre zèle ; mais tous sont nécessaires au point qu'il explique fermement que sans ces neuf guides personne jamais n'est parvenu au temple même des Muses. Paul Scaliger ne s'exprima pas sur cette question avec plus d'à-propos, lorsqu'il avança cinq points à méditer dans toute étude, le premier étant que l'on se consacre à l'adoration de la divinité, et que le divin constitue sa fin, puis qu'il maintienne l'ordre tendant au bien de l'Univers, et non au bonheur privé : ensuite, que cela soit entrepris non de force mais de plein gré, et avec la connaissance la plus universelle de tout ce qui s'y rapporte, sans abandonner à personne son jugement sinon à la Vérité unique. Or un anonyme un peu plus ancien qu'eux me semble avoir proposé une meilleure analyse que certains, même si son opinion, exprimée en vers léonins, ajoute assez peu d'élégance et de grâce aux deux suivants dans lesquels elle est comprise tout entière.

Poser beaucoup de questions, retenir les questions posées,
enseigner ce que l'on a retenu.
Voilà les trois éléments qui permettent au disciple
de surpasser le maître[101].

À cela j'ajouterais volontiers (que les Mânes de Virgile m'épargnent, et tout ce qui se trouve avoir été poli autrefois par la pierre ponce sur la terre ferme) six autres clefs, dont il a toujours fait grand cas, non tout à fait incluses par son précepteur dans le genre plus élégant de la poésie, en homme très versé dans tous les genres littéraires plus que la barbarie de son siècle ne le permettait, Jean de Salisbury[102], maître très méritant à Chartres, qui est une cité de la Gaule, par lequel elles se trouvent inventoriées ainsi dans l'ouvrage relatif aux futilités des courtisans selon l'ordre suivant, ou sont exposées en un inventaire très minutieux des détails.

Un esprit humble, le goût de la recherche, une vie paisible.
Une curiosité silencieuse, la pauvreté, une terre étrangère,
Voilà ce qui par la lecture rend généralement accessible
à beaucoup ce qui est caché[103].

Mais pour en venir peu à peu aux maîtres plus anciens du bien-parler et du bien-penser, attachés à une meilleure époque, la Muse agile de notre Ausone[104] de Bordeaux et l'abondance admirable de sa plume espiègle nous livrent-elles alors le jugement de Démosthène sur ce sujet contenu assurément dans cette très courte épigramme, mais obérée cependant par de nombreuses difficultés ?

> *Si tu désires apprendre, combien les savants le pourront-ils ?*
> *Ce que tu sais, tu voudrais l'implanter dans ton esprit en méditant.*
> *Ce que tu n'as pas encore appris, tu t'efforcerais*
> *De l'assimiler en apprenant*[105].

Des typographes récents, en effet, éditent cette version, même si pendant soixante-dix ans le codex d'Alde[106] auparavant et le savant Gryphe[107] ensuite proposèrent clairement dans le premier vers le terme mal compris qui servit sans doute de fard au très éloquent Elias Vinctus[108], à l'activité et au zèle duquel nous devons la correction et l'explication des textes d'Ausone. Ce dernier, en effet, comme il convenait à un homme honnête et bien né, reconnaît sincèrement qu'il ne fut pas capable de suivre le sens de cette épigramme ; peu après, un certain Ugolino Martelli[109] jugea qu'il valait la peine de l'exposer dans un volume entier, mais il eût sans doute mieux valu pour lui jouer à la mourre[110], ou peindre des gourdes, plutôt que de déverser une encre aussi épaisse que la sèche, si bien qu'il peut à peine nettoyer tout ce qu'il y a d'eau dans les fontaines Hippocrène[111] et Pégase[112], en tordant ainsi maladroitement tous les mots un à un, dans le but de trouver en eux six degrés pour apprendre aisément, il déforma presque tout le sens de l'épigramme, qui, à mon avis, doit être restitué avec l'idée qu'Ausone ne souhaite rien d'autre pour lui-même que d'enseigner la manière par laquelle les savants peuvent discourir et parler beaucoup en improvisant, une méthode qui, à vrai dire, paraît consister uniquement en ce qu'ils veulent instiller dans leur esprit ce qu'ils savent déjà parfaitement, c'est-à-dire inculquer et confier solidement à l'imagination et à l'esprit celle que formula Aulu-Gelle[113] entièrement dans le même sens *La Nature nous a donné et inculqué*[114] ce qu'ils n'ont pas encore bien appris en discourant fréquemment, et assimilé en répétant, et qu'ils s'efforcent de ficher plus profondément dans la mémoire : je lis et ponctue donc ainsi toute l'épigramme.

Si tu désires discourir en savant,
combien de choses te seront possibles.
Ce que tu sais, tu voudrais l'instiller dans ton esprit en méditant,
Ce que tu n'as pas encore appris,
en discourant tu tendrais à l'assimiler[115].

Enfin, comme la divine sirène de la philosophie, autrement dit Platon, souhaite uniquement trois choses chez l'étudiant, à savoir qu'il désire apprendre, qu'il aime la vérité et soit très endurant à la tâche, et, qu'en tant que le plus sage des mortels, même de l'avis d'Apollon, parmi les candidats de philosophie, il ne convoite rien hormis la sagacité, la mémoire, le goût et l'appétit d'apprendre, l'endurance aux désagréments, qu'il lui faut supporter en apprenant, l'amour de la vérité, et surtout qu'il consacre volontiers tout son temps aux études de ce type ; des préceptes guère différents de ces derniers avaient déjà été formulés longtemps auparavant pour les novices de son art par la divinité principale de la médecine, à savoir Hippocrate, qui souhaitait en eux des dispositions naturelles, un lieu approprié aux études, de l'application, du temps, de la méthode et de l'entraînement. Les souhaits de tous ceux-là, à vrai dire, l'autre gloire des médecins après Hippocrate lui-même, Claude Galien[116], peut à bon droit sembler les avoir réunis et agencés en un meilleur ordre, si du moins il exige des jeunes gens pour ainsi dire les sept prérequis du chapitre six du livre *Sur la constitution de l'art médical*[117], avant qu'ils n'abordent les secrets de la philosophie plus haute, que j'ai à cœur d'examiner un peu plus minutieusement, car ce sont pour ainsi dire des préalables et une propédeutique destinés à apprendre plus aisément les autres arts ; cela peut même se révéler d'un secours non négligeable pour toi, comte Fabrizio, et pour tous ceux qui se forment aux études humanistes. Même si je n'ai jamais pensé que tu devais t'attacher aussi obstinément aux détails, comme si, à l'exception d'un ou de plusieurs d'entre eux, tu ne pouvais finir par devenir un jour l'individu le plus savant et le plus sage. Les dispositions naturelles sont donc exigées en priorité par Galien ; non assurément celles qu'il employa ailleurs en conformité avec la pratique des médecins, au nom de l'équilibre, à savoir la faculté rectrice du corps, mais au nom de cette faculté de l'intelligence et de l'esprit que Cicéron reconnaît dans son discours *Pro Archia*, où il affirme qu'*Il a constaté qu'il avait existé de nombreux hommes dotés d'un esprit, d'une intelligence et d'une valeur remarquables, et avec des dispositions naturelles presque divines en elles-mêmes sans le secours de l'enseignement*[118]. Aristote la définit à peu près dans ce sens au livre I des *Analytiques*, dernier chapitre, et dans le paragraphe xxix des *Problèmes*, problème vii, comme une sorte de ruse pour trouver le moyen en un temps reconnu : aussi il n'importe guère de savoir si l'on rapporte à ces temples des Muses les dispositions naturelles de Palamède[119] ou de Thersite[120], d'Aristote ou de Margitès[121], de Cicéron ou de Bambalio[122]. Car, à moins que l'esprit, qui est le champ de toutes les connaissances, ne soit parfaitement doté de dispositions naturelles, et qu'à l'inverse ce ne soit une intelligence émoussée, un jugement immature, une fausse mémoire, il pourra à peine, et même pas à peine, recueillir les semences de la sagesse ; étant donné, en effet, que Mercure n'est pas fait de n'importe quel bois, ni de même le philosophe de n'importe quel homme, mais tout comme parmi les pierres dont les Grecs ont souhaité que le nom, pour cette raison peut-être, fût donné aux hommes, lorsqu'ils les appelèrent *laous*[123] [peuples et pierres], les unes sont communes, obscures, terrestres, raboteuses, grossières, désagréables, destinées uniquement aux bâtiments plus ordinaires, d'autres en revanche brillent continuellement, scintillent, luisent, étincellent, ont justement l'apparence d'astres à la fois parfaitement translucides et fort précieux : il en va de même pour les êtres humains ; certains sont communs, balourds, lourds, stupides, distinguant à peine en quoi les cuivres sont différents des lupins, comme il est probable qu'existèrent autrefois les Corèbe[124], les Machaon[125], les Myrrichos[126] et ceux qui, outre ces derniers, après une longue période de temps, parvinrent jusqu'à cet âge avec une réputation de bêtise. Mais d'autres se distinguant par un sublime génie et se recommandant par leur propre valeur, tels que nous lisons qu'il en exista chez les Anciens, ces merveilleux artisans du discours improvisé, Prodicos de Céos[127], Carnéade[128], Chrysippe[129], Protagoras[130], Gorgias de Léontium[131], Hippias[132], et les autres sophistes de ce type, qui discouraient sur n'importe quel sujet de connaissance dans les assemblées publiques de Grèce sans avoir rien préparé, d'une manière étonnamment savante et élégante. Or, chez nous, Jean Pic de la Mirandole[133], Tiberio Russiliano[134], Jacopo Mazzoni[135], le précepteur de ton oncle très éminent en matière d'études humanistes, Paul Scaliger[136], Jérôme Butigella[137], Ascanio Persio[138], Jacques Crichton[139], Édouard Du Monin[140], qui, répondant de toutes les sciences à l'âge même de la puberté, semblent avoir eu une intelligence faite pour tout, et un esprit capable d'embrasser l'entière totalité de la réalité, sous la conduite duquel il n'y a rien qui ne leur fût inaccessible, rien de caché qui ne se dévoilât à eux ; de telle sorte que, de même que dans l'éloquence Démosthène[141] accorda la première place à la prononciation, de même à bon droit Galien voulut que les dispositions naturelles et l'intelligence éclairassent les études humanistes et l'éducation sagement organisée des jeunes gens. Mais ce que Galien souhaitait en deuxième et en troisième lieu après les dispositions naturelles était assurément que les enfants fussent immédiatement formés dès l'âge tendre d'une manière honorable et par les meilleurs précepteurs exactement de la façon que décrit Horace :

Le maître dresse le cheval docile à la nuque souple
À suivre le chemin que lui indique son cavalier[142].

S'il importe grandement que ceux qui jusque-là suivaient spontanément, avec docilité, le doigt de leur guide, soient rompus aux efforts et formés à la vertu, avant que, corrompus par la douceur du foyer, d'une part ils ne reconnaissent les vices, d'autre part n'y goûtent surtout sous l'effet du bouillonnement des désirs, et parce qu'en eux la raison ne serait pas encore arrivée à maturité, qui, après avoir été bien affermie, semble à peine capable de tenir les vieux et les individus avancés en âge à l'écart de toute erreur et faute ; sur cet âge s'abattent de nombreux fléaux, parfois plus proches du vice que de la vertu : et l'empereur Marc Aurèle[143] eut raison d'avertir que celui qui ne chute pas au moment de ce premier et risqué tournant de l'âge ne peut pas du moins ne pas tituber sévèrement : c'est pourquoi, ils doivent être confiés d'emblée aux meilleurs précepteurs, dont à la fois ils puissent recevoir les premiers rudiments des vertus, et apprendre de bonne heure les choses pour lesquelles ils voudront ensuite s'approprier le nom et la valeur, car

Le jeune chien de chasse qui dans un premier temps
A aboyé après une peau de cerf dans un chenil,
ensuite fait ses armes dans les bois[144].

Horace dit la même chose. Mais même si je n'ignore pas que beaucoup autrefois eussent été trouvés autodidactes[145], qui par leurs seules ressources, sans le secours de la moindre aide, pourraient même affirmer ce dont se vantait un certain citharède dans Homère[146] : je me suis instruit moi-même, et personne d'autre, sinon un dieu, ne m'a mis dans le cerveau et l'esprit une aussi grande quantité de refrains, tout comme Héraclite d'Éphèse[147], qui, raconte Plutarque[148], s'imprégna de toute la philosophie, sans aucun guide ni instructeur; et le chevalier Manlius, devenu très savant, s'il faut en croire Pline, sans aucun maître; et Apulée, qui livre ce détail sur lui-même, au début de ses fables; et Épicure, de l'aveu de Cicéron, et Virgile, comme le rapporte Pétrarque[149]; et enfin saint Augustin lui-même, qui au livre quatre des *Confessions* se vante d'avoir lu et compris par lui-même les livres sur les arts libéraux: et pareillement, à notre époque, il arriva que cela se produisît pour beaucoup sans l'aide de précepteurs, comme à Pierre de la Ramée[150] dans l'étude de la philosophie, à Muret[151] dans l'art oratoire, à Guillaume Postel[152] dans la connaissance de presque toutes les langues, mais principalement hébraïque, à Cujas[153] dans la connaissance de la jurisprudence, à Filelfe[154] enfin, et à Budé, dans l'ensemble des humanités: bien que, dis-je, plusieurs d'autres aient pu acquérir une bonne éducation humaniste spontanément et grâce à leurs dispositions naturelles, j'ai jugé cependant que le chemin serait toujours plus court et commode pour ceux auxquels se trouvent adjoints certains précepteurs ou du moins des guides dans les études, et des associés, qui non seulement sont déjà parvenus par leurs propres efforts à un tel degré d'érudition et de science qu'ils peuvent légitimement présider à la formation des autres, mais qui en outre tirent leur pouvoir de l'usage des choses autant que des sciences et néanmoins maîtrisent l'art commun aussi bien de vivre que d'enseigner. Voilà donc les trois souhaits de Galien; suivait évidemment un quatrième, à savoir qu'initié aux mystères des Muses, il polisse de plus en plus son intelligence, par de continuels efforts et un honorable labeur, jamais épuisé ni essoufflé dans la course, ni hors d'haleine, mais plus long est le parcours, plus ardemment il s'échauffe et brûle en le parcourant complètement, et qu'il se rappelle que le travail est appelé par Euripide[155] le père de l'honneur et que personne n'a recherché pour soi-même l'éloge dans les plaisirs. Alors que les dieux eux-mêmes ont tout mis à notre disposition pour que nous le gagnions par nos efforts, et qu'à leur imitation les Égyptiens, et presque tous les peuples de la Grèce, s'employèrent sagement à passer pour indolents et oisifs, tout au long de leur vie, sans gloire ni notoriété : or les Romains pensaient qu'il ne fallait édifier à la Bonne Fortune, qu'ils surnommaient inoccupée et patronne des oisifs, aucun temple à l'intérieur de la Ville, mais au-delà du Tibre[156], afin de montrer que toute l'indolence des esprits et le fléau des études avaient été repoussés loin des limites de la Cité bien gouvernée. Si tous ces faits sont rapportés par les auteurs uniquement dans le but d'inciter les hommes à briguer dans la vie civile les activités avant tout sédentaires et serviles, alors ils doivent surtout presser et inciter les jeunes gens à appliquer vaillamment tout leur esprit, leur effort et leur zèle aux études humanistes, dont il n'existe aucune connaissance plus agréable, plus belle, ou plus humaine, et qu'ils pensent d'autant plus volontiers qu'il leur faut s'appliquer à ce seul but que les choses les plus belles s'acquièrent généralement à un prix de loin plus élevé qu'elles sont communes et partout accessibles à tout un chacun, comme le dit en effet judicieusement un poète d'un souffle immense :

La nuit, un rustre délivré de ses chaînes
cueille un sommeil profond,
Et le marin se repose au milieu des flots.
La nuit, il te faut boire l'obscurité de la lanterne noire,
À condition de veiller à suivre le camp de Calliope[157].

Mais si les exemples des grands hommes servent quelque peu à nous en convaincre, il ne manque pas de cas vraiment illustres ; si Pline, un homme au sommeil fort rare, exigeait fréquemment que des livres lui fussent lus au milieu du repas, et circulait à Rome en chaise à porteur, afin d'être en mesure de se concentrer plus facilement sur la lecture ; de même, de Caton d'Utique[158], Valère Maxime[159] raconte qu'il ne s'abstenait pas à la Curie[160], pendant que siégeait le Sénat, de se faire lire à haute voix des livres grecs, et Origène[161], pour en arriver à nos auteurs [chrétiens], n'avait jamais les mains vides de tablettes, et ne se nourrissait pas volontiers, parce qu'il n'estimait pas que cela contribuât à l'accroissement de son érudition ; de même, saint Jérôme s'était raboté les dents avec une lime, afin de pouvoir plus volontiers et plus aisément prononcer l'hébreu ; et il méditait continuellement quelque chose à déférer devant le tribunal de Dieu : mais pourquoi mentionner les Anciens ? Puisqu'il est avéré, autant qu'une chose peut l'être parfaitement, que les deux lumières de la Gaule, Budé et Turnèbe[162], le jour même de leurs noces, consacrèrent quelques bonnes heures à étudier ; mais, en définitive, les efforts de certains furent si inappropriés et acharnés qu'ils se présentent plutôt pour être admirés qu'imités ; lorsqu'en sortant de Bologne[163] on se dirige vers l'Est, il est d'usage que soit montré un endroit, du nom de San Vittore, où le très illustre juriste Bartholus[164] resta pour ainsi dire enseveli pendant trois ans, pour apprendre à fond les sanctions impériales ; et il ne manque pas chez nous d'individus pour assurer que Theodorus Marcilius[165], professeur royal à l'Académie de Paris, vécut à ce point dans la dépendance des études que pendant dix années entières il ne mit même pas le pied en dehors de l'enceinte du Collège du Plessis[166], où, étant entré la première fois à l'Académie, il avait choisi un siège pour ses Muses ; mais ces cas-là doivent être tenus pour des monstres, et, à la manière des rochers contre lesquels n'ont jamais à échouer les étudiants d'un savoir plus raffiné, s'ils veulent conserver une idée de leur esprit bien fait, et pour ainsi dire mener une vie affranchie de la rudesse ordinaire des étudiants et en quelque sorte de la haine des hommes[167]. Plus tard, Galien ajouta une méthode et un ordre, à l'exemple de la nature, qui précisément n'a jamais rien conçu ni fait sans ordre, et Platon affirmait, en outre, qu'elle était précisément la forme de toutes les sciences et de tous les arts, et Socrate déclara qu'il suivrait volontiers ses traces comme celles de quelque dieu capable de partager équitablement, tant est grande la force contenue dans le traitement réservé aux choses ! Si limpide est la réalité, et la méthode de toute façon nécessaire ! Qu'on l'observe chez les gens de l'Académie ou dans les affaires publiques, ou dans les arts mécaniques, ou libéraux. Mais de même que, sauf au moment opportun, les hersages ou les binages et les pressurages, qui caractérisent la méthode des paysans, sont appliqués aux champs, si on ne les laisse pas se reposer un peu et s'ils ne reçoivent pas au bon moment les différentes intempéries du ciel, quelles que soient leur fertilité et leur humidité naturelles, ils produiront des ronces au lieu du blé, de la broussaille au lieu du froment, une misérable ivraie et des rebuts au lieu des délices du froment ; de la même façon, un jeune esprit ne pourra jamais rien réaliser de remarquable dans les études, si auparavant il ne libère pas son intelligence de la confusion et, à la manière des médecins qui envoient dans l'estomac des liquides plutôt que des solides et des aliments faciles à cuisiner, en commençant par les sujets les plus simples, se prépare la voie vers des sujets plus difficiles, à condition de tout agencer délicatement, en apprenant les arts et les sciences par parties, sans aucune abstraction, parce qu'elle disperse l'esprit en des détours variés, et ne lui permet pas de s'appliquer à fond seulement au sujet qu'il a devant lui : si un discours parfaitement agencé recèle une telle vigueur qu'à quelqu'un qui discourt selon les règles de la rhétorique chacun aussitôt prête ses fines oreilles nettoyées, et que tout ce qu'il exposera lui-même, il l'accueille comme émanant de quelque bienfaiteur et de plus que la corne d'Amalthée[168] ; combien plus douce doit être l'harmonie ? Combien plus agréable la mélodie ? Non celle de la lyre variée, ni de la flûte à nombreux trous, ou encore des chalumeaux inégaux, mais s'accordant harmonieusement entre eux, des Grecs avec les Latins, des orateurs avec les poètes, du travail diurne avec le travail nocturne, du labeur avec le repos, des jeux avec les études, en un seul jeune homme à la fois, selon une méthode extrêmement sage et admirable. Or le moment est venu d'aborder les deux derniers points par lesquels cet éminent savant a conclu les prémices de tout enseignement, à savoir l'amour de la vérité et l'entraînement intensif et continuel ; bien que j'aie peu à dire ici sur la vérité, car j'espère parler dans la deuxième partie de ce traité de l'utilité et de l'exploration de celle-ci, dans l'intervalle elle est surtout nécessaire, si elle l'est en quoi que ce soit d'autre, à nos débutants, en ce que même pour tous les autres qui se proposent d'emprunter cette manière de vivre par laquelle le savoir vient à l'esprit, comme la lumière aux yeux, elle fait que le reste du chemin soit parfaitement sûr, si cette lumière du moins ne peut être fournie lors des Panathénées[169], selon l'avis de Maxime de Tyr[170], et si les chemins qui y mènent ne sont pas des billevesées, ou des délires langagiers, ni des charges d'intendant, ni des affaires publiques, mais l'amour de la vérité, et la contemplation des réalités existantes, qui est liée à cette activité. L'entraînement enfin revêt ici même une grande importance, puisque, comme le dit Aristote[171], nous voyons que ceux qui sont expérimentés obtiennent plus ce qu'ils convoitent que ceux qui possèdent la raison sans l'usage ni l'expérience, d'où le fait que, si le style n'est pas exercé dans l'étude de l'éloquence ou de la poétique, si la contemplation n'est pas fréquente dans la philosophie théorique, ou si l'usage et l'entraînement sont négligés dans la philosophie pratique, tout le reste sera d'un bien faible secours, voire d'aucun, et comme nous l'enseigne communément l'expérience, à savoir,

En passant dans les usages,
Le fer brille d'un éclat constant, et avec son allure étincelante
Il ose aspirer à la gloire sublime de l'argent ;
Et après un long repos, il noircit,
Et se change en rouille noire, jusqu'à se consumer
rapidement[172].

Il faut dire aussi, à peu près de la même façon, que notre esprit fléchit dans l'inaction, se ramollit dans l'oisiveté, et s'avachit peu à peu par excès d'inactivité ; s'il était exercé par une pratique zélée, la lecture assidue, et la contemplation du joug, il pourrait comprendre aisément toutes les réalités les plus difficiles et susciter chez les hommes l'émerveillement de soi-même. Et voilà, très noble Fabrizio, ce que dans leurs livres les hommes les plus avisés ont souhaité comme prérequis et introduction à une méthode simple d'apprentissage, à l'exposé desquels, si j'ai semblé m'attarder plus longtemps qu'il ne sera peut-être jugé conforme à la raison, je l'ai fait entièrement, d'une part pour toi, que des préceptes de ce type ravissent fort en général, d'autre part surtout pour les autres, auxquels ils ne peuvent pas d'une certaine manière ne pas rendre service ; j'ai dit d'une certaine manière, vu que, s'ils se présentent volontiers, je ne voudrais pas qu'ils fussent négligés, et s'ils ne se présentent pas, je voudrais qu'ils fussent ardemment réclamés : la nature de chacun qui n'a jamais rien fait ni médité d'heureux à tous égards, se préparant et se ménageant une voie à travers des sentiers généralement inconnus vers les sommets abrupts, le défaut des secours que nous jugeons nécessaires à cela, grâce à certains autres nouveaux secours inexplorés, pour qu'ils nous servent d'exemple de ce que l'homme, comme l'expliqua Cicéron, possède divers instruments pour obtenir et conquérir la sagesse, et revêt précisément la nature d'un Vertumne[173], ou des formes changeantes à la manière de Protée[174], et qu'il ne peut être assujetti par aucune loi ni chaîne, et en vérité nous voyons généralement que beaucoup sont pourvus d'une intelligence complètement émoussée et obtuse, qui néanmoins compensent les inconvénients de leur lenteur par l'effort et le zèle ; d'autres d'un âge plus avancé, qui, aidés néanmoins de leur intelligence, sont à peine dégagés des bornes de départ, avant que tous les autres ne parviennent au but ; certains enfin se sont à peine adonnés aux préceptes ou ont consacré du temps aux études, à l'entraînement, à la méthode, qui avec d'autres qualités n'achèveraient pas moins heureusement la course que le reste des concurrents ; au point que toute cette propédeutique peut sembler avoir été avancée non comme absolument nécessaire, mais uniquement en vue d'un enseignement plus commode et plus efficace, d'une part par Galien, d'autre part par ceux des opinions illustres desquels, s'il m'était permis d'en joindre des extraits à la mienne, j'avancerais seulement trois éléments, qu'il conviendrait absolument de procurer à tout individu aspirant à la gloire de l'érudition et de la science, à savoir, qu'il assimile clairement et correctement ce qu'il apprend, qu'il retienne scrupuleusement ce qu'il assimile, et qu'il soit capable ensuite d'engendrer et de produire lui-même quelque chose à partir de cela : il lui faut d'abord une lecture zélée, deuxièmement une mémoire fidèle, troisièmement un entraînement assidu. Or tous les éléments fonctionnent en harmonie, si bien qu'ils sont étroitement reliés par des ressources mutuelles et que l'un sans l'autre peut difficilement produire un résultat digne d'éloge ; si quelqu'un, en effet, se consacre à l'étude uniquement de sa seule initiative, ou sous la conduite d'un précepteur, lentement ou promptement, soit avec méthode, soit dans le désordre ; toutefois s'il n'assimile pas correctement ce qu'il a lu et ne retient pas fidèlement dans sa mémoire ce qu'il a assimilé, et si enfin il en retire quelque chose pour son propre usage ou celui des autres, je ne vois pas quel but il peut seulement atteindre avec toutes ces veilles consacrées à l'étude. Le jeune homme, par conséquent, doit être formé aux disciplines humanistes en prenant appui pour ainsi dire sur ces trois piliers et étais ; il doit les apprendre en premier lieu certes à domicile, non dans les ateliers des gymnases, comme l'usage en fut surtout généralement répandu chez les Gaulois ; de telle sorte que, pour cette raison, de bien meilleurs conseils, il me semble, pour l'éducation de leurs enfants furent émis par les Italiens, qui, outre le fait qu'ils se jouent ainsi des tendances de certains Amillus[175] généralement délirants, et qu'ils se prémunissent contre le déshonneur public, ils tirent même avantage en outre de ce que les enfants sont moins contaminés par la saleté des vices, qui de là sont envisagés aussi diversement que sont diverses les natures de ceux qui sont enfermés en même temps dans des lieux de ce type : mais surtout cette probité de nos Anciens ayant d'une part déjà été rejetée, ou plus justement éradiquée, avec laquelle ils contenaient si sévèrement les esprits fougueux des jeunes gens, enclins à tous les vices, que, libérés des chaînes, on les surprend en train de pécher uniquement par excès de simplicité et de rudesse morale, une suprême liberté, absolument insupportable, de pécher la remplace, par laquelle les nouveaux ordonnateurs des études s'efforcent, comme avec un remède très puissant ou une formule magique, d'attirer les élèves chassés ici et là des écoles des autres vers les leurs, leur passant tout, excepté le solécisme en thème : de telle sorte que les écoles publiques d'apprentissage ne sont pas tellement plus estimables du fait de l'émulation des études, parce qu'il est impossible d'empêcher qu'elles n'introduisent simultanément l'émulation des vices. Je souhaite donc un jeune homme qui se forge une moralité domestique à l'exemple de ses parents, qui exerce son adresse par la vie en commun avec les membres de sa famille, accepte, à travers les conversations avec ses amis, la possibilité tantôt de parler sagement et modérément, tantôt d'aborder des gens avancés en âge, ou bien de saluer des princes ou des égaux, et qui convient aux mœurs du lieu et du temps ; qui dans la proximité des marchands et des artisans étudie et apprend à connaître à la fois les réalités de l'usage desquelles il ne peut se passer ; qui enfin conforme toutes ses actions à une manière de vivre plus policée, un guide le précédant en tout et lui montrant point par point ce qui est honorable et beau, un précepteur à la fois très savant et très sage ; qui s'éduque lui-même intimement, en honnête homme et selon une méthode absolument noble et distinguée, sur les usages de l'esprit, les devoirs de la vie, les qualités de l'intelligence, et les matières enseignées, soit en étudiant au Musée[176], soit en déambulant dans le Jardin[177], soit en voyageant ensemble, si l'occasion s'en présente ; qui se propose le triple but que voici, à savoir qu'équipé d'une vertu et d'une élégance morale égales à leur savoir, il rende le jeune homme, livré aussi à sa propre formation, tout aussi honnête que lettré et policé. À cet âge, en effet, il faut jeter les bases du bien-vivre autant que du bien-parler, et l'esprit doit être formé à la vertu, tant qu'il est docile et apte à recevoir n'importe quelle impression, qui dans son état d'alors sera conservée telle pendant toute la vie : mais pour que le précepteur s'accommodât plus heureusement de cette tâche, je voudrais que suivant les préceptes d'Horace selon lesquels

> *Il te faut noter les mœurs de chaque âge,*
> *et donner aux caractères, changeant avec les années,*
> *les traits qui conviennent*[178].

il explore avec zèle quels sont les vertus et les vices de chaque âge et surtout de la jeunesse, en consultant ou l'*Épître aux Pisons* du même Horace ou le livre deux de la *Rhétorique* d'Aristote, dans lesquels ils se trouvent décrits aussi savamment qu'élégamment et abondamment ; si bien qu'il pourrait dédaigner ce qu'eux-mêmes lui recommandent éventuellement d'étranger à la vertu et au devoir, si c'est un méfait du genre à corrompre les bonnes mœurs, ou quelque effet d'une sorte d'ébullition de l'âge et de la jeunesse, cela en effet paraît seulement manquer d'un léger avertissement, mais surtout d'une critique un peu plus sévère, qui cependant reste exempte de tout assaut, de toute violence et de toute dureté inconsidérée ; pour éviter qu'ils ne s'abandonnent soit à une vile pusillanimité intellectuelle, qui exténue de préférence les forces mentales et éteint les étincelles du naturel chez les enfants ; soit s'ils sont d'une nature plus revêche, ils penchent dans la direction opposée : mais si nous réfléchissons bien, puisqu'il n'est avantageux pour personne d'être freiné par la crainte dans le devoir, cela convient avant tout aux jeunes gens dont nous désirons en priorité former les esprits à la convenance et à l'honnêteté. C'est pourquoi, l'éducateur ne sera ni âpre ni dur, ne scrutant pas les détails avec trop de minutie, ni pour ainsi dire cruel, ou redoutable, mais il se montrera clément et indulgent envers l'élève, lui fournissant en abondance tout ce qu'il peut honnêtement ou utilement désirer, selon qu'il a du goût pour les chevaux, ou qu'il convoite les chiens de chasse, ou qu'il est séduit par les livres ou les vêtements : car si tout cela ne lui était pas accordé sérieusement et généreusement avec bienveillance, cela éveillera fortement dans son esprit une incitation à l'amour et au respect ; le fragile et faible gardien de la vertu, en effet, est la crainte, et il se trompe grandement à mon sens, celui qui pense que l'emprise sur les élèves obtenue par la force est plus énergique et plus solide que celle qui passe par l'amour, comme quelqu'un l'a dit à juste titre,

la force modérée
obtient ce que ne peut arracher la violence,
et celui qui commande de sang-froid
sait mieux se faire obéir[179].

Or, d'une manière générale, la méthode légitime de traiter avec les hommes libres exige que par la pratique de la louange ils soient poussés au devoir et enflammés par l'amour de la gloire et de la vertu, d'où jaillissent en eux une sorte de noble envie et une émulation sans haine en matière de louange et de probité. Or, ce sera là chose très facile à obtenir, à condition de ne pas s'adonner superficiellement à la lecture de l'histoire, aux éloges des hommes illustres, à l'abondance vraiment dorée et splendide de l'éloquence, de compulser assidûment les remarques consignées par Paul Jovius[180], Sainte-Marthe[181], Hubert Folietas[182] et Pignorio[183], grâce auxquelles ils pourront à la fois exercer leur style à l'éloquence et former leur esprit à l'exemple de la vertu héroïque ; car si P. Scipion[184] et Q. Fabius[185], comme cela frappe presque tous les esprits nobles, affirmaient qu'ils furent fortement aiguillonnés par la contemplation des portraits des hommes illustres, une réalité qui augmenta également le souhait de Thémistocle[186] qu'il pût un jour faire obstacle aux honneurs de Miltiade[187], et la vue du portrait d'Alexandre le Grand[188] incita aussi Jules César[189] à entreprendre les plus grands exploits ; il est logique que quelque chose advienne à force de contempler tant d'exemples de vertus : ils exploiteront en quelque sorte par la simple vue tant d'actes susceptibles d'enflammer à la vertu les hommes même les plus indolents. Or, comme la manière établie de vivre convenablement et excellemment ne peut jamais aboutir par elle-même à ce que des études humanistes il ne retire pas non seulement le maximum d'ornement, mais aussi d'accroissement ; comme la culture humaniste elle-même est appelée par Aulu-Gelle non seulement la philanthropie, et l'amour placé naturellement en l'homme, mais aussi la *paideia*[190], à savoir l'instruction, qui nous rend plus policés à l'égard de la société civile, grâce surtout à ces connaissances humanistes qui déjà par la manière commune de discourir embrassent tout ce que les enfants apprennent après la grammaire jusqu'à l'étude de la philosophie ultérieurement ; il paraît donc conforme à la logique et à la méthode du traité lui-même qu'une fois réglée la question des mœurs et des préceptes communs de bien enseigner, nous en venions maintenant à traiter celle qui doit régir l'ordre et la progression des études. L'énergie divine de notre âme par conséquent, qui saisit les connaissances et les formes des choses, et que Philon[191] le Juif appelle l'intelligence ; ceux qui la pratiquent selon un ordre précis et avec méthode sont appelés savants d'après Sénèque ; ceux qui la recherchent sous une forme plus haute sont appelés géniaux ; ceux qui en usent avec plus de sagesse se distinguent par leur jugement ; ceux qui la pratiquent avec plus d'élévation sont dotés d'une grande mémoire ; ceux qui en usent plus parfaitement sont dits savants ; ceux qui la pratiquent plus utilement sont appelés sages ; ce talent de l'homme, dis-je, pourrait se parer de nombreuses sciences, comme la philosophie, les mathématiques, la théologie, la jurisprudence, et d'autres semblables, surtout celle appelée humanisme, qui est la base des autres, à partir de laquelle les hommes deviennent plus policés et plus cultivés. Or celle-ci n'est pas circonscrite par des limites en elles-mêmes aussi étroites qu'il est d'usage de la définir dans les écoles, mais elle comprend dix parties, à savoir la connaissance des langues, latine surtout, et grecque (car les théologiens préfèrent l'hébreu, le chaldéen, le syriaque, l'arabe), l'éloquence, la poétique, la géographie, la chronologie, l'histoire, les antiquités, les fables et la critique, ou la censure des livres, au sujet desquels il faut dispenser individuellement quelques préceptes. Et pour ce qui touche l'étude des langues, j'estime qu'elle est double : l'une civile, ou plutôt politique, du français, de l'allemand, de l'espagnol, ou d'autres, qui sont usitées aujourd'hui parmi les principales nations de l'Europe, remarquablement utile pour les voyages, la gestion de ses propres affaires ou de celles des autres, qui est efficacement enseignée en dehors des écoles. L'autre, scientifique, de toutes celles qui conviennent à la science, parmi lesquelles l'étude du latin, comme je l'ai déjà dit, et du grec doit être cultivée en priorité. Or, pour qu'elle devienne elle-même enfin noble, je propose que le maître autant que les disciples observent deux principes. D'abord qu'aux règles de la grammaire, qui doivent toujours être fort brèves, soient mêlés les discours familiers et les colloques[192] destinés à les mettre en pratique ; que la lecture des auteurs s'y ajoute d'office, à l'interprétation desquels notre Néoptolème[193] s'emploiera d'abord en rassemblant ses énergies mentales ; pliant sa mémoire à l'aide de mots et d'expressions précis, avec lesquels il se sera déjà familiarisé ; sollicitant son imagination avec les flexions, les formations, les dérivations de ces dernières ; enfin, exerçant son jugement par une construction adéquate et élégante ; de manière à devenir ainsi pour lui-même comme un précepteur, et que tout ce qu'il a eu plus de mal à assimiler que si cela lui avait été personnellement instillé dans la bouche prémâché par le précepteur, il le retienne mieux et plus fidèlement dans l'esprit et dans le cœur, et qu'il s'habitue peu à peu aussi à élucider plus tard d'autres difficultés, et à nager sans bouée dans des eaux plus profondes. Deuxièmement, que le maître lui inculque et dévoile progressivement l'histoire de la langue à l'assimilation de laquelle il se consacre tout entier, à savoir l'époque et le peuple où elle a pris forme, combien largement et sous quelles formes elle s'est diffusée, combien de changements ou d'altérations elle a subis aux différentes époques, et qu'il expose les choses une par une avec une intelligence assez grossière, ou plus subtilement, à mesure qu'il apprend à connaître l'intelligence du disciple. Comme si, par exemple, dans le cas du latin, qui se présente en premier, il insinuait que celui-ci n'exista nullement avant l'époque de Romulus et de Rémus[194], lui qui, prenant forme alors parmi les bergers à partir du grec et de l'étrusque, fut enfant sous les sept rois de Rome, puis sous les consuls jusqu'à Caton le Censeur[195] ; il était encore mal dégrossi presque en état d'enfance, comme cela apparaît nettement dans les Lois des XII Tables[196] ; puis il grandit sous Caton et devint plus vigoureux ; plus tard, transporté jusqu'à l'époque de Cicéron, il conquit presque la vigueur de la virilité, grâce aux Crassus[197], aux Antoine[198], aux Cicéron, aux Hortensius[199] et d'autres, comme le raconte Cicéron dans le livre sur les *Orateurs célèbres* et sur l'*Orateur parfait* ; puis il vieillit sous Auguste[200], encore assez viril toutefois ; Auguste, en effet, parlait parfaitement latin, comme le rapporte Suétone[201] dans sa *Vie* ; ensuite la langue se mit peu à peu à décliner, s'il est vrai que s'éloignèrent de sa pureté Tite-Live[202], Tacite[203], Pline, et bien plus, Tertullien[204], Arnobe[205], Sidoine[206], Symmaque[207], et d'autres du même genre, jusqu'au moment où elle s'éteignit complètement, autour de l'an 600 après le Christ ; à partir de cette époque en effet, jusqu'au siècle dernier, où après la prise de Constantinople par Mehmet II[208] elle commença à revivre d'abord en Italie avec les Grecs et l'humanisme grâce aux Politien[209], aux Valla[210], aux Hermolao[211], aux Pontano[212], aux Pogge[213], à moins que la stricte barbarie régnât dans les écoles, comme nous l'avons abondamment expliqué dans notre *Addition à l'Histoire de Louis XI*[214]. En effet, bien qu'un jeune esprit ait du mal à assimiler tout cela et ne soit pas encore suffisamment instruit des nombreux éléments garantissant leur compréhension, cependant ils le séduisent vivement et déposent en lui une semence qui par un continuel accroissement d'érudition ensuite finit par évoluer sans mal en un fruit luxuriant et fécond : or, ce dont le disciple doit s'acquitter, c'est, outre l'élan et l'effort dans l'apprentissage, le fait d'imposer une limite même à sa propre érudition, en évitant pour ainsi dire deux écueils, contre lesquels se heurtent en général ceux qui se consacrent entièrement à l'étude approfondie des langues ; n'ayant jamais accès aux connaissances dont elles-mêmes ouvrent les portes, aussi longtemps qu'ils préparent le chemin pour les autres par un labeur très ingrat, tout occupés qu'ils sont avec la phraséologie et le vocabulaire ; de là, plus tard, ils glissent aisément vers cette autre espèce de folie au point de souhaiter déduire les origines de toutes les autres langues à partir des mots déformés ou plus justement corrompus et gâtés d'une langue primaire donnée qu'ils se forgent à volonté, ne se moquant pas moins de la tentative que si je voulais tirer l'étymologie de *pain* du nom grec *arton* en changeant *pa* en *ar* et *nis* en *ton*, ce que l'un d'entre eux toutefois ne rougit pas de faire après les pures inventions cimmériennes [obscures] huées et moquées de Goropius Becanus[215], pour ne pas sembler moins plaisanter sur les sujets sérieux qu'extravaguer complètement. La méthode de l'éloquence et de la poétique suit les rudiments des langues, ou plutôt la manière de polir noblement le style dans l'une et l'autre disciplines, et surtout le soin et le souci de la première assurément doit être plus grand, puisque, bien qu'il soit presque toujours rompu aux sujets les plus sérieux, néanmoins ce qui est énoncé en prose, à moins d'avoir été poli par l'éclat et les artifices du vocabulaire et un ornement magnifique, en général n'est pas écouté sans négligence, et cela pénètre assez mollement dans l'esprit de l'auditeur ; mais lorsque des cadences s'ajoutent et que des mesures fixes enchaînent le sens remarquable, cette même pensée, comme en mouvement sur elle-même ou de toute sa force, tourne plus vigoureusement, et en un charme délicieux émoustille l'esprit des auditeurs, si bien qu'elle s'écoule mollement à travers leurs oreilles, telle une perle entre les doigts, et glisse sans frapper l'ongle. Il me faut cependant introduire ici un petit nombre de remarques sur les préceptes de l'éloquence, puisqu'après Cicéron et Quintilien le procédé ne s'interrompt pas que beaucoup imaginèrent pour ceux qui veulent emprunter la voie de l'éloquence, et qui parlèrent avec gravité et abondance du parfait orateur. Or, pour ma part, je ne voudrais rien ajouter aux règles communes de l'une ou l'autre discipline, mais seulement avancer des arguments permettant de tempérer l'antique sévérité des Muses par une parure plus raffinée, et d'adapter aux besoins et devoirs de la vie les ressources des étudiants, qui en général dorment inutiles. Les jeunes gens, à vrai dire, me semblent d'abord commettre l'erreur consistant à cantonner leur style à l'imitation des orateurs, tout en se persuadant qu'aucune éloquence ne gagne en extension avec les préceptes de la seule rhétorique, qui enseigne à parler correctement et adéquatement pour persuader, alors que celle-ci, en revanche, se ramifie en quatre catégories de style ; recherchant certes en elles toutes le discours pur, poli et lisse, mais pour le genre oratoire cependant un style plus élevé et davantage soumis et ajusté aux rythmes, tel qu'on le trouve chez Cicéron, Pline le Jeune, Muret[216], Perpignano[217], et d'autres du même type ; pour le genre historique un style plus épuré et plus ouvert, que façonnèrent avec bonheur Salluste, Tite-Live, Quinte-Curce[218], et à notre époque Jovius, Bembo[219], Maffeo[220], et d'autres, dont tout un chacun a reçu son propre éloge ; pour le genre épistolaire un style plus gracieux et parfois pugnace dans les passages épineux, et abrupt, dont il ne faut pas chercher de meilleur exemple ailleurs que chez Cicéron, Pline le Jeune, et Politien ; pour le genre didactique enfin, un style plus simple, plus ouvert, plus familier et domestique, par lequel se recommandent surtout

Aulu-Gelle, Pline, et tous ceux qui composèrent des ouvrages de philosophie, comme Sénèque : or tant s'en faut que les jeunes gens parviennent à la connaissance et à l'apprentissage de ces derniers dans les écoles, bien que leur pratique soit de loin plus noble et se réalise plus fréquemment que pour une froide déclamation, parce qu'ils ne peuvent composer ni un discours ni une chrie[221], à moins que n'ait été acceptée auparavant par un maître sévère, et non digérée, la matière qui justement ne peut pas être tournée ou façonnée aussi subtilement, sauf à être écrasée par une certaine aridité et mollesse, abandonnée par son propre sang et un teint vigoureux ; de là, plus tard, pour ainsi dire la conséquence logique que dans un troisième temps il faut faire remarquer, pensai-je, qu'ils ne peuvent respecter la convenance ni user d'un discours approprié à chaque sujet particulier qu'ils traitent ; rabaissant par un style humble tous les grands sujets importants, ou rehaussant par un vocabulaire plus noble les réalités viles et basses, ce qui est moins un défaut d'érudition que de jugement,

Car les divinités de la grande Rome
Ne doivent pas être célébrées comme l'étable de Ménalque[222].

Ce qui touche la poétique semble à première vue ne manquer ni d'une application énergique de l'esprit ni de règles ; puisque l'opinion, étayée encore par de nombreux arguments, est constante chez les plus grands érudits, Platon, Cicéron, Origène[223] et d'autres, que le poète vaut par sa nature même et qu'il est stimulé par la vigueur de l'esprit, et qu'il est enflammé par une sorte de souffle divin ; or, s'il en est ainsi, tu n'as pas agi tout à fait sottement, Aristote, ni toi, Horace, Castelvetro[224], Patrizio[225], Mazzoni[226], Minturno[227], Scaliger, Heinsius[228], Casaubon[229], Galluzzi[230], Vida[231], trop peu sagement ; et vous, tous les Français et les Italiens d'une manière absolument inconsidérée ; alors que vous avez débattu d'une façon si subtile et scrupuleuse des règles prosodiques, des différents types de poèmes et de l'organisation de toute la poétique. Or, c'est une bonne chose que cette erreur ait été propagée dans les écoles depuis l'époque de Platon, qu'elle doive être rapportée parmi ceux qui tirent leur force et leur aliment de l'opinion plus que de l'expérience ou de la raison : que le jeune homme par conséquent s'adonne aux préceptes de ceux qui ont débattu avec plus de sobriété que de perspicacité de l'élégance des mètres, et qu'il se consacre à la lecture de tous les poètes, que l'injustice du temps nous a laissés du naufrage des anciens, parce qu'excepté le fait qu'aucun de ces derniers ne parla avec plus d'élégance ni en un meilleur latin que les bataillons glorieux des hommes d'autrefois, il apprendra même auprès de beaucoup, avec une suprême satisfaction et aisance, divers éléments susceptibles de servir à l'usage et au besoin quotidien et par des lectures variées et multiples d'affermir par des exemples la force du jugement et la connaissance pratique de toutes les valeurs. Utiles par eux-mêmes, en effet, ils n'en retirent pas assez (comme beaucoup s'en sont persuadés à tort) pour enrichir le style latin, la bigarrure du discours et la peinture des sentiments ; mais il est étonnant de voir quelle force soutient l'esprit grâce à la méditation zélée de ceux qu'ils se sont proposés de traiter ; car de grâce, Fabrizio, n'est-il pas à la portée de chacun, en réfléchissant quelquefois à ce qu'il lit, de méditer les exemples des hauts faits rapportés par Virgile, Lucain[232], Silvio[233], et les mœurs des héros qu'il pourrait imiter plus tard ; puiser en même temps que rejeter chez Horace, Juvénal[234], Perse[235], les châtiments des criminels, l'ignominie des gloutons, les exigences des usuriers, les malversations et les dérèglements des hommes ; regarder comme en un miroir chez Plaute[236] et Térence[237] les élans des jeunes gens, la cupidité des vieillards, les ruses des courtisanes, les manœuvres des vendeurs d'esclaves, la voracité des parasites, des marchands, des colporteurs, des esclaves, ainsi que le caractère et les tendances des individus de presque tout type ; à partir de Sénèque et d'Euripide, non seulement s'habituer aux importants changements des règnes, aux bouleversements des nations, aux fins malheureuses des princes et de toutes les autres choses, mais aller courageusement au-devant d'eux ; enfin, de même qu'emprunter à Martial[238] le sens des mots et la finesse des idées, et parfois même des traits piquants, de même puiser chez Ovide[239], Tibulle[240], Properce[241], Catulle[242] les délices, les charmes et les agréments du style, au moyen desquels conformer ses actions, sa vie et ses mœurs au soin, à l'élégance, aux bons mots et aux raffinements ; si bien que, même s'il existe plusieurs espèces différentes de poètes, ce qui n'est peut-être pas le cas des orateurs, il n'en existe toutefois aucun pourvu d'une telle faconde réjouissante dont on puisse non seulement tirer une remarquable utilité, mais aussi une suprême satisfaction. Suivent trois autres parties des humanités, la géographie, la chronologie et l'histoire, étroitement liées entre elles et corrélées de manière à ce que celui qui souhaite les disjoindre et les dissocier non seulement engendrât la plus grande force d'action, mais s'éloignât considérablement des principes des hommes les plus sages, qui semblent apprécier toute la dignité et la supériorité de l'histoire avant tout à l'aune de trois critères, à savoir qu'elle est vraie et colorée par le fard d'aucune altération, qu'elle représente fidèlement la topographie du lieu où elle s'est déroulée et même le temps approprié à celui qui l'écrit, raison pour laquelle aussi il est logique de penser que le tableau de l'histoire universelle, qui embrasse les faits accomplis de tout temps et en tout lieu, ne peut être perçu complètement et pleinement par les jeunes gens, s'il n'inclut pas en même temps l'ordre du temps lui-même, la différence des années et des mois, et la description de tous les lieux ou plutôt des régions, et ne contient pas simultanément tout ce qu'il peut recevoir de secours des autres genres de l'histoire, à savoir civile, ecclésiastique et naturelle ; de tous ce doit être le fruit, ce doit être d'abord le profit, tels qu'auprès des hommes ils nous procurent l'autorité et l'idée de sagesse ; car si pour cette raison nous trouvons les vieillards plus avisés, et si nous écoutons volontiers ceux qui pendant leur longue vie et par eux-mêmes ont fait de nombreuses expériences, ont vu et entendu bien des choses chez les autres, que doivent-ils penser de ceux qui connaissent de mémoire les faits dignes d'être étudiés de nombreux siècles et peuvent-ils pour toute circonstance proposer quelque exemple illustre ? Et deuxièmement, que nous devenions plus avisés non seulement en théorie, mais dans les faits, et réglions la façon dont mener en toute tranquillité notre vie au milieu de tous les errements et de tous les dangers ; de fait, alors que notre sagesse n'est rien d'autre que l'observation des événements et la connaissance des réalités présentes et futures, qui découle du passé comme d'une source, dans tout le domaine de la littérature c'est en cela que se distingue l'histoire ou exclusivement, ou principalement, qui pour nulle autre raison précisément est appelée par Cicéron *le témoin des temps, la lumière de la vérité, la vie de la mémoire, la messagère de la vérité et la maîtresse de la vie*[243]. Mais, outre les genres de l'histoire déjà énumérés, il s'en ajoute encore un quatrième, propre aux antiquités, par l'exploration plus ample duquel ils gagnent avant tout d'être tenus pour des érudits, et ensuite même pour les princes des érudits, à condition que la critique leur apporte son secours ; de cette dernière aussi il me faudrait dire quelques mots, si je n'étais trop occupé à conseiller le jeune homme pour qu'il tînt ses doigts complètement à l'abri de cette démangeaison qui, si elle est maniée par des esprits médiocres et les dieux lares, corrompt et gâte généralement les meilleurs auteurs : mais si elle est maniée par les dieux majeurs, elle les transforme complètement et les fourvoie généralement lorsqu'ils parlent en usant de mots pourvus d'un sens à chaque fois différent : et pour en revenir à l'histoire érudite, elle ne s'étend pas aussi loin que ne le fait l'histoire politique ou naturelle, mais elle est bornée par les limites étroites de quatre royaumes, les Égyptiens, les Perses, les Grecs et les Romains ; en effet, les antiquités des Hébreux, des Chaldéens[244] et des Syriens intéressent plutôt les théologiens, or les rites et les usages des autres nations sont si mal estimés qu'ils ne manquent pas de ralentir ceux qui se hâtent vers de meilleures visées que celles-ci. Et des antiquités égyptiennes certes il se trouve presque toujours que parvient jusqu'à nous pour ainsi dire à peine la rumeur d'une ombre ténue, pour la raison qu'éventée autrefois par les savants, du fait de l'impudence d'Annius de Viterbe[245], qui s'employa à nous engloutir le pseudo-Bérose[246], il en reste seulement peu de choses, chez Plutarque, Horapollon[247], Jamblique[248], Calcagninus[249], et d'autres, sur leurs rites, leur doctrine mystique et la succession brisée des rois et des événements. Or cette pénurie a fini par stimuler les nobles efforts du très savant Claude Le Menestrier[250], particulièrement versé dans l'étude de tout ce qui en général fait le bonheur des individus étudiant l'Antiquité, si bien qu'à partir des médailles de ces derniers, qu'il rassembla avec un zèle vraiment incroyable, il mit au jour tant de réalités perdues et ensevelies par une profonde nuit, grâce au gouvernement heureux et aux faveurs de son Éminence le cardinal Francesco Barberini[251] ; comme cela fut toujours son souhait, son souci dès lors est de réunir des érudits d'un dévouement remarquable et de les pousser assez vivement dans leur direction par une auguste munificence. Peu aussi de ce que nous possédons des Perses dont l'héritage ne soit pas imputable au travail et au zèle du président Barnabé Brisson[252], digne d'un meilleur sort, qui parmi tant d'autres vestiges de son excellent enseignement nous laissa aussi des collections du royaume perse toujours fort estimables. Mais, plus proches de nous, les Grecs et les Latins n'ont vraiment aucune raison de se plaindre de la négligence de nos contemporains, vu que leurs antiquités nous sont bien connues, que nous avons exploré leurs ruines, leurs temples, leurs portiques, leurs palais, leurs thermes, leurs amphithéâtres, leurs monnaies, leurs statues, leurs tombes ; que nous avons bien étudié et soigneusement décrit les chasses, les festins, les jeux, les banquets, les fastes, les rites sacrés et profanes, les formules, et je ne mentirais pas si je mentionnais les débauches et les secrets des plaisirs ; comme si ces deux nations qui, jadis maîtresses du monde, renaissant une fois à leur gloire passée, étaient forcées de reconnaître qu'elles furent surpassées par nous, en matière de science et de travail du moins. Des fables subsistent enfin dont l'affinité avec la poésie est grande, mais nulle avec la vérité ; la vérité, en effet, ne dévoile que ce qui est avéré et connu ; la poésie se plaît aux inventions et tire son autorité du mensonge : et il est absolument nécessaire que tous les faits dont le récit est établi soient rendus publics de l'une des trois manières suivantes, à savoir historique, poétique ou légendaire : or il est impossible de reconnaître une différence dans les fables ; certaines, en effet, sont très modestes, d'une narration simple, d'un modèle aisé, d'une pensée brève : le plus ancien auteur de ces dernières, Ésope, n'est pas faiblement recommandé par les plus solides écrivains, Platon, Tite-Live, Pline, Horace, Aristote, Plutarque, Justin[253], Macrobe[254], Phèdre[255], et d'autres, qui non sans élégance transposèrent ses inventions pour former les mœurs, même lorsqu'elles rampent presque au sol : en cela, ils agirent entièrement à la manière des orfèvres, lorsqu'ils polissent l'or et le diamant avec le fer et la vile poussière. Certaines autres sont élevées à des hauteurs plus sublimes, entrent dans les secrets des théologiens, pénètrent les arcanes des philosophes, et se mêlent exclusivement aux sujets les plus sérieux : elles ont été forgées subtilement et employées fréquemment par Homère, Platon, Orphée[256], Hésiode[257], Héraclide[258], Porphyre[259], Proclus[260]. C'est pourquoi, il n'est aucun de ces arts assurément nobles et tenus pour dignes d'un homme libre qui ne doive être abordé par le jeune homme de manière à conformer son esprit aux préceptes de la sagesse par des étapes laborieuses et en s'attirant la bienveillance des servantes à l'égard de Pénélope[261], c'est-à-dire la reine de toutes les connaissances, la philosophie, non comme y accéderait un nouveau myste ou un semi-païen, mais parfaitement doté naturellement d'un esprit capable de tout et d'un caractère formé à tout devoir et à toute convenance. Or, je relève que les trois parties de la philosophie, auxquelles il doit s'adonner tout entier, furent exposées uniquement par des hommes d'un jugement très raffiné, Diogène Laërce[262], Cicéron, Lactance[263], saint Augustin et d'autres ; à savoir l'une qui porte sur la vie et les mœurs, la deuxième sur la nature et les réalités cachées, la troisième, qui se réalise dans le fait d'exposer clairement ce qui est vrai ou faux, ce qui dans le discours est exact ou inexact, ce qu'il approuve ou désapprouve par le jugement, même s'ils peuvent sembler avoir joint aussi à ces parties les réalités cachées et l'obscurité métaphysique de la nature, les conformant à ce qui se trouve presque en dehors de la nature, de manière à ce que tout ce qui résiderait en leur propre pouvoir, ils l'appliquassent eux-mêmes à la connaissance des réalités les plus hautes, et profitassent de leur bonheur naturel, qui consiste en la contemplation de Dieu. Pour cette raison aussi, il advint que cette dernière partie de la philosophie embrassa les prémices[264] de la théologie, tout comme la physique ceux de la médecine et la morale ceux du droit. Au point qu'il ne pourrait donc y avoir de doute que notre esprit, éclairé pour ainsi dire par le lumignon de la seule philosophie comme par une lumière céleste, reçoit l'éclat grâce auquel, en quelque sorte irradié ensuite par lui, il ne soit pas accablé par le nombre des connaissances qu'il sécrète et aborde, ne soit pas écrasé par leur étendue et leur poids, et ne soit pas abusé par leur subtilité et leur difficulté ; mais tout comme les yeux naturellement vifs et clairvoyants, par un mouvement souple et léger, voient tout rapidement sans effort dans quelque direction qu'ils se tournent, de même l'esprit, parfaitement formé certes par les études de philosophie, gagne la clairvoyance lui permettant d'embrasser tous les sujets à l'étude desquels il voulait se consacrer, mais il n'est pas nécessaire de rappeler ici les préceptes que les Espagnols Fox[265] et Nuñez[266], tous deux d'un esprit subtil et serein, ont énoncés en discourant opportunément et méthodiquement sur le cursus de la philosophie, à travers les composantes individuelles de ce type, alors que les livres de ces derniers peuvent être acquis sans le moindre effort, et qu'il est étranger à nos principes de rendre public tout ce qui peut être obtenu de la même façon à partir des écrits des autres. C'est pourquoi, je formule seulement l'un ou l'autre avertissement, dont personne, à mon avis, après avoir examiné d'assez près le sujet en question, ne niera la nécessité surtout à cette époque. Et il importe d'abord que pour éviter la confusion récemment introduite par ceux qui ont philosophé soit de leur propre initiative, soit d'après les principes des anciens, nous suivions seulement les traces du seul Aristote, fuyant d'abord le lait de la philosophie, moins à partir de ses propres mamelles très fécondes que de celles de la nature, qui fit appel à cet interprète, jusqu'à ce que, devenus plus forts, et, ayant gagné l'autonomie et la liberté, nous puissions discerner ce qui dans les autres écoles philosophiques se présente de plus conforme à la vérité. Si en matière de philosophie certes, tout comme à la guerre, il faut combattre sous les auspices de quelqu'un plutôt que d'entreprendre de conduire les troupes ; et pour chaque type de réalités et de connaissances il doit toujours y avoir d'abord un élément appelé à devenir ensuite la mesure et la règle de tout le reste. Mais puisque l'usage a prévalu depuis le siècle de Ruscelli[267] et d'Abélard[268] jusqu'à l'époque d'aujourd'hui, selon lequel, dès que les jeunes gens ont franchi le seuil de la dialectique, ils débattent entre eux et rivalisent jusqu'à l'enrouement avec un immense attirail de syllogismes[269], conquis opiniâtrement d'où qu'ils puissent l'obtenir. Pour cette raison aussi, il arrive qu'ils en sortent non seulement enragés mais avec la vue presque troublée, et complètement inaptes à la recherche de la vérité unique. Il advient ainsi qu'il faut affronter promptement ce suprême et presque tragique fléau des jeunes gens, en comparaison duquel on ne peut en imaginer de plus sérieux, de plus proche par la rudesse, ou par lequel les hommes paraissent se rapprocher davantage des bêtes, alors que l'on ne trouve rien dans Aristote ni chez ses anciens interprètes qui soit similaire à un défaut de ce type ; il faut évidemment admettre le fait que le nom de scholiastes, donné à certains individus, dérivé d'« école » – le lieu où ils passaient tout leur temps – fut forgé à cause de la rudesse de leurs mœurs et de la saleté de leur corps, et nous ne pensons pas qu'il leur fut attribué à tort. Or, comme ils se distinguaient par une intelligence vive et ne pouvaient l'exercer dans les humanités, l'histoire naturelle ou la politique, en raison de l'extrême barbarie qui sévissait en ce temps-là, du fait de la petite quantité de matériau, mais avec le zèle suprême de l'esprit comme d'une navette à tisser, ils réalisèrent les toiles laborieuses qui composent leurs livres. L'esprit humain, en effet, tout en transformant la nature des choses en un matériau, ou en contemplant les œuvres de Dieu, est mû et déterminé alors en fonction du matériau, mais s'il se tourne en lui-même, comme une araignée tissant sa toile, alors il est vraiment illimité, et produit des sortes de toiles de connaissances, admirables certes par la délicatesse du fil et le raffinement de l'ouvrage, mais qui seraient tout à fait vaines et exposées aux rires et à la risée des savants. Mais quelle que soit finalement son origine, où que mène ce fléau de la philosophie, qui autrefois avait infesté une grande partie de l'Europe par sa contagion, j'estime qu'il est de peu d'importance, vu qu'il a déjà cessé de lui-même, que sa progression est impuissante, et il cessera complètement, surtout à notre époque, qui est l'amie de la vertu plus qu'aucune des précédentes, et la sagesse des hommes croissant de jour en jour, grâce auxquels il ne sera pas seulement difficile d'obtenir qu'après le rejet des vaines spéculations et de tout ce qui est vain et stérile, soit uniquement conservé ce qui est solide et utile, pour qu'ainsi la philosophie ne ressemble pas chez nous à quelque courtisane à laquelle nous faisons appel pour les appâts du plaisir, ou ne soit comme une servante affranchie pour de vils services, mais plutôt qu'elle revendique la place d'une compagne ou d'une épouse fidèle, pour la production de fruits et le réconfort d'une vie plus tranquille et heureuse.

En effet, maintenant que nous voilà parvenus au point, comte Fabrizio, d'avoir très amplement traité des arts par les enseignements desquels doivent avoir été instruits et parfaitement formés tous ceux qui ensuite se tournent vers d'autres activités de la vie, qu'ils veuillent exercer le droit civil, ou une charge de la République, ou tout autre art ou une partie de ceux que l'on assume avec gloire et honneur ; pour ma part, je ne doute pas qu'il puisse sembler logique à certains que je te donne le courage de surmonter vaillamment en eux-mêmes toute épreuve et toute difficulté, et je t'exhorterais fort volontiers à te diriger vers ce seul but, si je n'avais déjà assez abondamment exposé cette question dans la partie supérieure de ce traité, ou si toi-même, par l'audace de ton travail et de tes études, tu n'étais parvenu au point où il t'est plus facile de contempler les vertus héroïques dignes de ta personne et de tes ancêtres que de tourner une nouvelle fois les yeux vers l'humble carrefour des grammairiens ; or, vu qu'il convient absolument que tous les hommes appliquent leur esprit à des actions remarquables, il importe avant tout que ceux qui, issus d'un rang plus élevé, ne peuvent faire autrement, de préserver convenablement la fortune et le degré de dignité qu'ils détiennent ; s'il est juste que le doivent ceux qui veulent que le meilleur leur revienne en tout et qu'ils l'obtiennent par eux-mêmes, il n'y a aucune raison plus ferme ou plus solide d'obtenir quelque pouvoir extraordinaire que si celui qui le convoite et le désire en est unanimement jugé fort digne. C'est pourquoi, comte Fabrizio, puisque le sort t'a fait naître dans cette famille où brillèrent toujours l'honneur véritable et l'éclat de la vertu, tout l'espoir et la logique de ta maison, en vue d'obtenir une parure de gloire plus grande grâce à l'ornement des lettres et des armes, reposent sur ton frère, le très noble comte Ludovico, et non sur toi seul. Mais qu'il recherche la gloire pour lui-même dans les périls et grandisse en s'illustrant brillamment et vaillamment au milieu du fracas extérieur des armes ; en ayant continuellement devant les yeux le nom exemplaire de tant de Guidi, auxquels, du fait de leur remarquable pugnacité et énergie guerrière, fut ajouté le surnom de Guerra, plutôt que celui de ton très excellent père Nicolas, le marquis de Montebello. Il t'appartient assurément, comte Fabrizio, de te conformer à cette Sparte d'une vie plus tranquille, qu'il te reste ainsi à illustrer pour ta part, et à invoquer aussi sagement le secours des lettres pour ce but unique, à savoir qu'elles semblent avoir apporté à ton esprit la liberté plutôt que la servitude, en répandant sur lui la lumière plutôt que les ténèbres. Par cet avertissement, je crains vivement de ne me trouver m'engager trop peu prudemment à t'indiquer un chemin long et jalonné de tant de préceptes, même s'il ne te manque pas d'autre voie nettement plus courte et plus commode, à condition de t'être proposé à toi-même un modèle de vertu héroïque affranchie de toutes mesures, la vie de ton oncle, son Éminence le cardinal de Bagno, menée très heureusement à travers tous les degrés des honneurs, des mœurs tempérées par une douceur et une grâce vraiment incroyable, enfin un esprit rehaussé par des dons naturels si remarquables, formé par des études si nobles, et paré des enseignements d'une plus haute sagesse, si bien que je peux à bon droit l'appeler, comme l'empereur Titus[270], non seulement l'amour de l'une ou l'autre nation, mais les délices du monde entier. Cependant, de même qu'il nous est vraiment difficile de fixer avec les yeux ouverts la lumière du soleil, qui jaillit abondamment et précipitamment, de même je ne suis pas assez fou non plus pour ignorer qu'il te sera extrêmement difficile de contempler et de saisir à la fois tant de vertus intrinsèquement éminentes et presque infinies en nombre qu'il a introduites avec lui dans ta famille : c'est pourquoi, tandis que tu entres peu à peu dans leur familiarité, je voudrais, comte Fabrizio, que tu tournes ton esprit vers les sujets qu'il me fallait définir, pensais-je, non assurément dans la première partie de ce traité, mais seulement dans la deuxième, puisqu'en matière de discernement et de jugement se trouvent prévaloir surtout deux éléments qui en général ne se rencontrent pas si fréquemment chez les jeunes gens ; ensuite, parce que la lecture variée et multiple, à laquelle ils s'adonnent de préférence pendant tout le temps où ils folâtrent librement au milieu des enseignements humanistes, affermit considérablement la capacité de jugement et la sagesse, au point que parmi les nombreuses réalités qui l'environnent il choisit de préférence à toutes les autres celle qui paraît la plus commode, absolument irréalisable en fait sans l'agencement de plusieurs, car autrement s'il s'en tenait seulement à un seul genre sans avoir aucun élément de comparaison, il se vouerait même sans aucun discernement à ce qu'il y a de meilleur. Or cela semblerait avoir été juste le fruit du hasard et de la bonne fortune. Pour ne rien dire du fait que le propre de la jeunesse est d'avoir l'intelligence vive et d'être rehaussée, grâce au labeur de l'étude, de ces armes et de cet ornement ou attirail d'éléments, afin que, la maturité une fois atteinte, elle puisse subtilement et opportunément exercer dans toutes les autres actions de la vie cette faculté d'approuver et d'adopter à bon escient ce qui est préférable. Et c'est à celle-ci avant tout que je t'exhorte, comte Fabrizio, et à laquelle, si tu désires l'atteindre non à pas de tortue, comme on dit, mais sur des échasses, après t'être largement muni des éléments et des ressources que peut exiger la nature ou garantir l'éducation ; avant tout, tu ne dois avoir aucune pensée vile, ni bornée, ni obscure, ou vaine ; mais tout comme avant que le jour ne s'étende et ne brille davantage, l'Aurore précède généralement, qui à la fois déploie son or et affecte l'air lui-même par une brise légère, de même formé à l'aurore de ton âge, pour cette raison justement tu peux montrer parfaitement quel est son midi, et son futur âge adulte, si ton esprit convoite les sommets, la grandeur et la gloire, la plénitude de dignité et de prestige, vers laquelle dès la prime enfance t'a poussé la voix des maîtres, à quoi ton père, dont tous les souhaits et les pensées se rapportent à toi, t'exhorte avec insistance, à quoi enfin t'appellent les exemples de tes ancêtres, dont aucun jour ne viendra éteindre les noms, qu'aucun oubli ne recouvrira. Or sans le secours de la littérature, cela t'est non seulement pénible et difficile à imaginer, mais même surtout impossible, puisque tu songes à adopter ce mode de vie et à embrasser ce type d'apprentissage, qui repose tout entier sur une méthode honorable, des pensées excellentes et un noble entraînement aux sciences. C'est pourquoi, je n'ai pas omis d'exposer en détail plus haut les éléments grâce auxquels je te pousserais plus rapidement vers les sources de l'érudition et de la science toutes voiles et rames dehors avec élan et effort ; et pour le moment je ne tarde pas à te persuader de cette seule chose, à savoir que, puisque le temps et l'occasion te permettent de t'immerger complètement dans leurs flots et leur courant, d'où, émergeant finalement avec effort comme au-dessus de ces astres de la jeunesse, tu conserves tout au long de ta vie cette attitude propre non seulement à te préparer la voie et à t'équiper pour les mystères de la théologie ou du droit, mais propre à rehausser considérablement avec éclat tous tes actes et les honneurs que tu as reçus. Et puisque nous sommes formés et façonnés d'abord par la nature à rechercher de notre plein gré ce qui nous est nécessaire, ensuite à explorer aussi par nous-mêmes ce qui est jugé louable et exigible pour vivre bien et heureusement ; il te faut œuvrer avant tout avec zèle, comte Fabrizio, à cette unique tâche d'acquérir à temps les ressources nécessaires aux études ; pour ensuite, d'une manière plus distinguée, supporter les charges liées aux grands honneurs impossibles à assumer jamais honnêtement et légitimement sinon par les hommes à la fois les plus savants et les plus nobles. Car si un homme d'humble extraction polit son esprit au moyen des sciences, il a beau être pourvu d'une intelligence de toutes les vertus, il ne pourra toutefois pas les exercer de la même façon qu'un individu de très haut rang, auquel la nature gagne d'emblée la soumission des esprits et confère l'autorité du fait de son extraction : c'est pourquoi, après t'être exercé à l'ombre des écoles pendant la durée suffisante et avoir parcouru le temps imparti à l'apprentissage, il te faut consacrer des pensées égales à la très ancienne noblesse des Guidi, et, après avoir pris tes distances avec les exercices d'école convenant aux hommes ordinaires et aux plébéiens, tu dois retenir seulement parmi les souhaits ceux qu'un poumon généreux peut insuffler à l'âme, ce que la mémoire de la postérité et la renommée des siècles peuvent proposer à tes descendants comme modèle de suprême courage, de suprême vertu et fortune. Chaque fois, en effet, que j'entre plus à fond dans la nature des lettres et des sciences, celle-ci ne me paraît pas telle assurément que seuls les lettrés eux-mêmes, guidés avant tout par l'amour-propre, s'efforcèrent de nous la représenter, tandis que parmi toutes les réalités humaines rien de plus prestigieux, de plus admirable ni de mieux à même de conduire l'homme au bonheur ou à l'immortalité que la science elle-même ne résonne quotidiennement dans ses déclarations. Or, moi, qui ne m'autorise jamais à m'encombrer des opinions répandues de la majorité, qu'en général je trouve futiles et erronées, et moi qui n'emboîte pas le pas au peuple, piètre interprète de la vérité, j'affirme résolument que la réalité n'est pas telle qu'elle a pu être vraiment aux époques les plus anciennes où les études elles-mêmes étaient abordées selon un meilleur choix des personnes et des lieux : en vérité, cela ne peut pas ne pas être tout à fait vrai, surtout à notre époque si féconde en littérature que, si tous se pressent autour des chaires, il ne se trouve personne même qui ne veuille pas apprendre ; pour cette raison, tant de cercles déjà ont été créés, tant de séminaires, d'écoles et de collèges ont été édifiés ; tant de portiques ont été bâtis, et d'académies, afin que les jeunes gens disposent de lieux où ils puissent innocemment prendre du bon temps, sans être privés des muses du lupanar public, où se déshonorer honteusement avec des palefreniers, des vivandiers et des bouffons de marché. Puisqu'il en est ainsi et qu'il est vrai que chacun se mesure à l'aune de son propre pas et de sa propre cadence, qui ne voit avec moi qu'il est indigne d'un prince de fonder la totalité de son nom et de sa gloire sur cet apprentissage, qu'il peut avoir en commun avec n'importe quel individu le plus vil de la plèbe ?

Bien au contraire, il pourra même arriver qu'il fasse l'éloge de plusieurs autorités ou qu'il écrive plus élégamment, ou qu'il discute plus subtilement, et qu'ainsi Thersite[271] remporte le triomphe sur Agamemnon[272], Codros sur Inachos[273], Zerbis[274] sur le grand Pontife, ou un certain Grosippe[275] sur le roi d'Angleterre. Et ensuite, de même que la hauteur d'un arbre ne suffit pas à lui valoir l'admiration, là où toute la forêt a poussé à la même hauteur, de même il n'est pas aisé pour de nobles esprits d'occuper dans cette école un lieu digne de leur noblesse ancestrale, où la victoire est si aisée, ou plus justement, l'adulation si vaine que sans aucune distinction les plus savants et les plus érudits écoutent d'emblée tous ceux qui y concourent, qu'ils soient troyen ou rutule. C'est pourquoi, je compare volontiers les études aux vêtements tout en soie qui habillent et parent avec un certain éclat les hommes de condition ordinaire sans autre ornement plus riche, et leur valent une grande estime auprès de la plèbe. Mais ils n'ont nullement pour effet de faire admirer davantage les rois et les puissants, à moins qu'ils n'arborent en même temps des signes plus prestigieux de leur noblesse et de leur dignité, qui d'emblée les rendent estimables à chacun. Et lorsque le remarquable censeur et artisan des mœurs Horace voulut façonner l'idée de vertu parfaite, il ne la situa pas parmi les livres et les écrits des étudiants, mais dans les assemblées, les ambassades, les dénonciations, et la poussière du champ de bataille, si, comme le poète le remarqua avec sagesse,

> *Réaliser des exploits et montrer*
> *les ennemis captifs à ses concitoyens,*
> *C'est s'élever au trône de Zeus et toucher les étoiles*[276].

Pour cette raison, comte Fabrizio, je voudrais décider avec toi du régime des études, pour que tu croies que ces dernières justement procureront aux esprits ordinaires qui ne sont pas marqués par l'éclat de la naissance ni l'attente commune des hommes à leur sujet, suffisamment d'honneur et de gloire pour la défense de la vertu, mais selon des règles plus nobles fondées sur une excellente base, seulement des ornements ou plutôt le secours des honneurs, par lesquels ils doivent surtout s'élever et se rallier à la gloire ancienne de leur famille. S'il faut l'appui de quelque exemple, je ne peux ni ne dois, à vrai dire, en choisir de plus notable que celui de Pline l'Ancien[277] : ce dernier, en effet, fut d'une extrême agilité physique dans toute action de la vie, mais dans sa jeunesse il plaida assez longtemps à la manière des jeunes nobles, puis par amitié il adopta les usages des princes, assuma les plus hautes charges, et avant tout la mission que lui avait confiée l'empereur Vespasien[278] ; il s'acquitta même avec zèle des charges équestres, il régla les fréquentes cérémonies expiatoires très fastueuses avec une parfaite intégrité, et il avait surtout accepté la direction de la flotte de Messine[279], lorsqu'avec les Liburniens[280] il approcha du Vésuve[281] en feu ; il succomba à l'intensité de la poussière et de la cendre, alors qu'il était dans sa cinquante-sixième année, en tempérant toutes ces charges de la vie civile par l'agrément des études, au point d'accéder par elles à l'amitié des princes, et par cet ouvrage important d'*Histoire naturelle* d'augmenter considérablement l'éclat de tant d'honneurs ; il se trouve qu'ont agi de même Jules César, Caton, Cicéron, Varron[282], Pline le Jeune, Symmaque[283], ainsi que les plus illustres et les plus sages des Anciens. En fait, je ne propose pas innocemment à ton imitation les exemples des Anciens, toi qui possèdes un lien de familiarité domestique avec son Éminence le cardinal ton oncle, dont l'enseignement particulier ne se cantonna pas aux murs d'un palais, ni se fit connaître uniquement par l'approbation d'une assemblée publique ou la rédaction de livres, mais l'administration des plus hautes charges auxquelles il s'était consacré tout entier dès son plus jeune âge, à Fano[284], à Macerata[285], à Firmo[286], à Orvieto[287], dans la Marche d'Ancône[288], le Comtat Venaissin[289], en Belgique, en France et derechef en Italie ; dans ces lieux, il parla si éloquemment en présence des peuples et des princes les plus puissants ; il discourut si savamment sur les lois alors qu'il siégeait aux tribunaux, et sur les sujets de théologie lorsqu'il se trouva parmi les docteurs très subtils de Louvain[290] et de la Sorbonne ; il se comporta finalement en tout d'une manière si avisée qu'il ne doit faire aucun doute pour absolument personne qu'à tous ceux qui prospérèrent uniquement par la seule gloire de la science il aurait pu facilement arracher la palme, s'il ne s'était contenté de joindre une plus grande dignité impérissable à celle de sa famille grâce à tant d'ambassades assurées sagement. Par conséquent, comte Fabrizio, tu ne dois pas suivre les traces d'un autre que lui, et aussi loin que peuvent s'étendre les forces et les élans de ton esprit, aussi loin que peut porter ton activité elle-même, il te faut précisément t'efforcer ensuite d'être en mesure d'appliquer ton esprit, solidement formé et aguerri par l'étude du droit et de la théologie, à augmenter et illustrer la gloire de ta famille par de nouveaux honneurs ; ce qui doit être la finalité de tes études, mais non celle que se fixent les hommes de condition plus modeste attelés à rouler cet unique rocher des lettres, en diffusant un refrain d'une veine généralement stérile ou en équilibrant le discours par des périodes ou en rédigeant de petits traités par lesquels ils puissent se concilier la faveur des puissants ou la renommée qu'ils pourraient difficilement obtenir autrement. Cette discipline d'une vie parfaite, qu'il convient d'aborder plus librement, avec une aisance et une élégance accrue, ne sera pas nécessaire, à mon avis du moins, mais pesante, ou alors l'occasion de dépenser un maximum de sueur et d'effort, après avoir cultivé déjà très pieusement des Muses plus clémentes, en ne donnant la préférence à rien de puéril ou de léger, ni d'inconsidéré ou de vain, alors tu t'es consacré à temps aux arts, qui pour atteindre le sommet des vertus et le pic de tous les éloges ne sont pas des guides trompeurs placés en première ligne, en omettant qu'à cet égard il ne faut pas mentionner en dernier lieu que tu es né assurément de parents dont le fait de suivre les traces ne peut pas ne pas faire de toi le plus sage de tous.

Je comprends d'autant plus aisément qu'il me faut m'arranger quelque peu de certaines choses qui pour ainsi dire s'insinuent furtivement dès le début de la formation dans les esprits malléables des jeunes gens, que ces choses par une observation déjà longue ne se trouvent pas peu empêcher qu'après tant de fumées absorbées lors des nuits passées à travailler ils puissent introduire dans leurs actions une saine nuance ou afficher quelque témoignage d'un esprit bien fait. Or, de la même façon, il existe une indolence excessive et une innocence de la vie, qui rend les hommes absolument inaptes à toute forme d'activité, puisque, instruits dans la République de Platon ou au milieu des critiques des satiristes et des préceptes des Stoïciens, ils ne peuvent supporter ni entendre que ce qui semble parfaitement conforme à un raisonnement juste, d'où, si ensuite on les accable d'un reproche, si on les attaque subtilement, ou si on les agresse par des sarcasmes, ils sont muets, n'ont rien à répondre, sinon peut-être de quoi susciter la moquerie par une gravité excessive ou une érudition intempestive. Celui alors qui se vante et s'enorgueillit outre mesure auprès de ceux-là mêmes qui l'examinent, celui qui appelle heureux un roi ou un tyran, celui qui se vante de posséder des domaines de mille arpents, celui qui revendique une ascendance illustre au sixième degré, on les prend tous pour des fous, et on se moque d'eux assez allègrement : je ne sais si c'est parce qu'ils sont trop effrontés ou trop fous ; une crédulité excessive s'attache très vite à ce désordre, dont l'origine, à vrai dire, n'est pas à chercher ailleurs que dans les mêmes sources de l'instruction première, surtout si en l'occurrence, alors qu'en guise d'importante synthèse les jeunes gens ont à comprendre parfaitement toutes les fables des poètes, à employer dans leurs poèmes les centaures, les scyllas biformes et les jardins des Hespérides[291], ils s'habituent graduellement aux narrations drôles et aux anecdotes des historiens, pour que ce qui est raconté ensuite non seulement des exploits des Troyens ou du périple d'Énée[292], mais aussi le plus drôle et le plus absurde, ils l'accueillent sans distinction ni critique, d'où enfin ils en arrivent au désagrément qu'ils sont tourmentés par une crainte et une terreur continuelles, en se persuadant eux-mêmes qu'ils voient partout et en tout lieu des lémures[293] et des spectres, des apparitions nocturnes, des démons et des génies malfaisants, pourquoi pas aussi des fantômes, ou qu'ils sont très facilement abusés, lorsqu'ils prêtent une oreille trop complaisante et avide aux faux mages, aux astrologues, aux cabalistes, aux maîtres de la mémoire artificielle, aux lullistes[294], aux encyclopédistes, aux alchimistes, et aux professeurs de toutes sortes de divinations et de techniques nouvelles, ou plus exactement aux usuriers. Ou alors, pour finir, ils passeraient pour avoir un flair bien peu subtil lorsqu'ils énoncent ou croient ce à quoi ils ne peuvent adhérer, ou qui est impossible et dérisoire. Ce n'est pas non plus un infime fléau ni une maladie facile à guérir chez les étudiants qui se rencontre dans l'usage des connaissances et leur juste application. Il est possible, en effet, d'en voir certains, si complètement imprégnés des éléments de cet enseignement, qu'ils ont pourtant reçu d'abord occasionnellement à l'école, qu'ensuite ils ne peuvent échapper à l'erreur par la raison, ni à l'infamie de la servitude par l'amour de la liberté, ni à l'opiniâtreté et à l'acharnement par la constance de la vérité. C'est pourquoi, si d'aventure ils en arrivent à la déambulation des Péripatéticiens[295], ils te persuaderont qu'il exista d'emblée de grandes admirations humaines, un grand homme Aristote, auquel la nature n'a rien caché, que rien n'a trompé, qu'aucune déchéance morale ou intellectuelle n'a entaché ; s'ils abordent les portiques des Stoïciens, ils te persuaderont qu'il n'exista rien de plus solide dans la vie, rien de plus admirable ni de plus divin dans la philosophie que l'unique Zénon[296]. Si par malheur ils croisent les troupes raffinées des Épicuriens, philosophant sur le loisir des dieux au milieu des beuveries, ils soutiendront continuellement qu'Épicure est un auteur unique, le dieu de la vie heureuse et fortunée, mais que Platon, Aristote et les autres troupes de philosophes sont stupides et fous en comparaison de cet unique. Si seulement la nature, qui nous a dotés d'esprits si divers, avait fait en sorte qu'à ces groupes spécifiques de philosophes fût imposé le but de notre acharnement et de notre obstination, non certes, nous nous trouvons pris quotidiennement dans tant de débats absolument vains sur la sagesse et la vérité, entièrement truffés de tromperie et de sottise ; et les guides les plus sages de notre religion ne rivaliseraient pas entre eux avec une haine pire que celle de Vatinius[297] ; tandis que tous les savants rivalisent entre eux avec une émulation vraiment haineuse et d'une voix de stentor[298] s'efforcent de l'emporter parfois sur les autres, nous en sommes arrivés à ce degré de folie que, quelle que soit l'école de philosophie ou de toute autre profession que chacun s'est choisie, aussi déraisonnable ou éloignée de la vérité soit-elle en général, il y adhère cependant de tout son esprit et de toute son âme, jugeant plus indigne d'être l'esclave de son corps que de son esprit. On peut même en voir d'autres qui, se fourvoyant par toutes sortes d'erreurs, convertissent néanmoins toute la moelle qu'ils ont reçue des meilleurs auteurs en futilités et en billevesées, semblables à un estomac malade, qui ne convertit pas en liquide nécessaire à la sustentation de son corps tous les aliments même les plus agréables et les plus recommandables, mais les résorbe en flatuosités ou en humeurs bilieuses, qui selon le cas sont transportés vers le cerveau ou les intestins, pour lesquels ils sont généralement la cause d'un tourment important. Ce fléau n'infeste pas seulement les professeurs d'une science en particulier, mais il trompe les efforts et les souhaits de presque tous, car aussi médiocrement chacun est-il imprégné des rudiments de la grammaire et du vernis des humanités, qui n'use pas pleinement de son temps libre et de son intelligence ou en traitant scrupuleusement les propriétés de certains mots et en recherchant soigneusement l'étymologie de certains, soit dans les anagrammes, les acrostiches[299], les croix de Saint-André[300], les pangrammes, les vers rétrogrades, les vers serpentins[301], les léonins[302] récurrents, les centons et les bagatelles du même type, et les balivernes les plus ardues. Ou si leur goût est un peu plus raffiné, par l'examen critique des questions qui à juste titre sont appelées les croix des grammairiens, ou plutôt les rochers, les bas-fonds, les écueils d'un esprit bien fait ; comme ceux avec lesquels Tibère[303] tourmentait cette vile engeance des individus, en leur demandant : qui donc fut la mère d'Hécube[304], que disent les Sirènes[305] dans leur chant ? quel était le nom d'Achille[306] lorsqu'il se cachait au milieu des jeunes filles ? qu'est-ce qui est premier, le jour ou la nuit, le marteau ou l'enclume, la poule ou les œufs ? combien de mesures de vin Aceste[307] donna-t-il à Énée ? de quel pied Énée en débarquant toucha-t-il terre en Italie ? de quelle main Brutus[308] s'aida-t-il d'abord, lorsqu'il tomba au sol, selon la volonté de l'oracle ? Anacréon[309] fut-il plus porté sur le vin ou sur le plaisir charnel ? lequel du taureau ou de la vache est un signe du zodiaque, et pour prendre quelques exemples de notre époque, faut-il dire Virgile ou Vergile, épître ou épistre, sinon ou si non, l'Olympe tout-puissant ou omnipotent ? les médicaments broyés ou brouet, orme ou orne, coupe ou coulpe majeure ; grossier ou plein de grossièreté ; salvateur ou sauveur ; Mécène ou mécène ; entéléchie ou enthéléchie, et d'autres choses du même genre dont Aulu-Gelle, Filelfe, Politien, Budé[310], Lambin[311], Muret débattirent avec une telle âpreté et vigueur qu'au lieu de paraître déchaîner une tempête dans un verre d'eau ou se battre à propos d'un point, d'un accent ou d'une virgule, ils semblaient presque concourir entre eux de toutes leurs forces pour la royauté en mettant tout sens dessus dessous : quel est même le nombre de philosophes qui ne critiqua pas les petits traités de dialectique, et les petits exercices de logique, ou les observations superstitieuses de la nature et les secrets de la magie ? Mais qui même parmi les théologiens ne s'accommoda pas volontiers et aisément des obscurités scolastiques ? Tant le chemin qui conduit des vertus aux vices est escarpé, tant le pas qui sépare la sagesse de la folie est aisé à franchir : enfin, le dernier fléau et désastre des lettres qui plus que n'importe lequel autre des précédents est préjudiciable aux hommes d'études ; tout en lésant le fonctionnement d'un esprit bien fait, ruinant et avachissant complètement la vigueur du jugement, il existe une certaine stupeur ou plutôt hébétude mentale qui nous entraîne, nous les modernes, en un torrent de toutes les opinions, loin de l'enseignement des écoles, peu habitués à discerner les erreurs des hommes et les aléas de la réalité, et nous précipite tellement avec les autres vers le point où quelqu'un de plus sage, osant lever en réponse ses yeux de mortel, résiste à ceux qui se ruent aussi indignement, et allume pour ceux qui sont en danger le flambeau de la vérité et d'un jugement plus sain, vers lequel nous sommes ramenés plus tard avec une telle violence que nous devenons un objet de risée pour nous-mêmes et un exemple de suprême insouciance et ignorance. Or le fait que cela arrive très fréquemment n'est pas douteux, à vrai dire, pour quiconque examine avec quelque scrupule l'histoire récente, au cours de laquelle, comme il est possible de le constater, les hommes furent parfois si sots, à ce point privés de perception auditive et de discernement intellectuel qu'après avoir déclassé l'élégance du style virgilien, ils choisirent les vers rythmés, appelés d'abord léonins du nom de leur auteur, et entonnèrent ce chant plus délicatement avec une douceur et un plaisir accrus, tintant et résonnant des deux côtés,

> *Lorsqu'un riche meurt, les citoyens accourent de tous côtés*[312],

combien doux et vraiment apaisant celui-ci :

> *Comme une fleur pourpre fauchée par la charrue,*
> *L'agonisant s'étiole*[313].

Seul un petit nombre toutefois subsista qui, pendant toute la durée des trois ou quatre siècles où ce délire gagna du terrain, entonna le refrain autrefois répandu et se proposa d'imiter les poètes d'une meilleure époque, tant est grande partout l'indigence intellectuelle : à la même époque presque, le délabrement sophistique, les estrades des théologiens, la méthode scolastique de la dispute avaient envahi les écoles des philosophes en un ravage et un fléau non négligeables, qui maintinrent avec une unanimité et une faveur presque incroyable tous les lettrés délirants en une commune folie, vers le début du siècle précédent ; et si nous calculons bien, il ne manque pas aujourd'hui d'une calamité similaire pour exercer les esprits des casuistes en remplacement de la scolastique, comme si c'était le lot des érudits d'être toujours la proie de quelque maladie ou de tomber dans une très grave erreur, dont l'idée en général ne vient à l'esprit de personne, sauf lorsque, parvenu aux extrémités, il se trahit et se dévoile enfin. Or, de même, je suis d'avis que l'accumulation des exemples permet de mieux cerner le danger, le zèle avec lequel les professeurs de langues s'efforcent de rechercher l'origine des autres idiomes à partir d'une langue plus ancienne et primitive, ou seulement de l'une à partir de l'autre ; et le désir d'imiter le style cicéronien, qui a cessé depuis longtemps ; et l'inclination qui, il n'y a pas si longtemps, avait alimenté à ce point chez les Italiens le désir d'orner leur propre langue que beaucoup dès lors furent persuadés que l'on avait approuvé le latin, et l'énorme démangeaison de transposer et de restituer les meilleurs auteurs qui à présent en un suprême désordre agite les esprits des critiques et nous conduira finalement à ce que seules les premières et les plus anciennes éditions de livres soient jugées les meilleures ; et la curiosité vraiment excessive et chagrine des Italiens pour l'exploration des règles de la meilleure poésie et le retour à la méthode de l'art proprement dit, pour ainsi dire au sortir des Enfers à travers les détours de mille obstacles, comme si Aristote et tous les Anciens avaient vu trouble sur ce point ou n'avaient pas jugé assez opportun de prescrire seulement ce qui contribue à la formation de l'art plutôt que d'énoncer tant de finasseries qui illustrent moins les poèmes des auteurs récents qu'elles n'exercent les Académies ; si je voulais ajouter à tout cela les dérèglements des autres arts et en outre ceux qui consistent en fausses rumeurs, lorsqu'ils ne sont pas rigoureusement écartés, le temps me manquerait plus vite que les mots : puisqu'aucun savoir n'en est privé, qu'aucun âge de notre vie n'en est dépourvu ni exempt ; or, il n'est pas nécessaire de boire une mer entière pour que soit révélé si elle est salée, et je ne suis pas doté d'une pointe critique, comme Aristarque ou Aristophane[314], pour lever mon visage vers le ciel et émettre en même temps sur les matières précédentes bien des remarques dignes d'un signe critique, d'un obèle[315] et d'un astérisque[316]. Voilà donc les principaux obstacles à la sagesse et à l'acquisition d'un esprit bien fait, contre lesquels non seulement il n'est pas rare que butent et fassent naufrage ceux qui règlent leurs études plutôt par un élan et un mouvement naturel que selon le conseil de quelque précepteur fort sage. Même si je ne doute pas que l'on puisse en trouver plusieurs autres, mais puisqu'ils sont eux-mêmes comme les continuateurs des précédents, sans s'exposer à aucun danger, à moins qu'il ne supplée des médecins plus expérimentés, qui expliquent que les affections sympathiques et symptomatiques ne doivent pas être éradiquées autrement que par le traitement établi des affections spécifiques et idiopathiques ; c'est pourquoi, il se peut qu'avec bien peu d'honnêteté et de réserve des bornes et des limites précises puissent être fixées à la docilité et à l'intégrité morale excessive que nous avons décrite plus haut ; l'usage toutefois doit être régi par le précepte suivant d'Horace :

Le sage mériterait le nom de fou, le juste celui d'injuste.
s'il recherchait la vertu elle-même
au-delà de la mesure suffisante[317].

Et il faut empêcher vigoureusement que les vertus qui nous furent données comme des moyens de préserver l'honneur ne nous procurent constamment l'infamie des vices et le déshonneur, comme cela arrive habituellement à ceux qui, vivant dans la fange du peuple et au cœur des villes, au milieu des mœurs les plus infâmes, recourent aux modèles de la sévérité la plus ancienne, et s'indignent que tout ne réussisse pas en conformité avec les distiques de Phocylide[318] ou de Pythagore[319], ou de Théognis[320] et de Caton[321], parce qu'il semble fâcheux de ne pas réussir autrement que par le modèle ordinaire d'éducation, si du moins, tandis que les jeunes gens grandissent au milieu des fables de l'Âge d'or et des vertus des Curions[322], des Fabii et des Scipions, sans rien entendre des vices de tous les autres, ils ne se persuadent même pas qu'ils existent chez d'autres nations : d'où il s'ensuit plus tard, lorsqu'ils observent tant de manières de vivre dépravées et déviantes, tant d'usages humains différents dans la *Cyropédie* de Xénophon[323] et la *République* de Platon, qu'ils ne sont pas autrement stupéfaits, embarrassés, chavirés, troublés que les oiseaux noués aux entrailles, que les chauves-souris ou les hiboux face au soleil, lorsqu'ils sont la risée des autres oiseaux au chant disgracieux : or cela ne se passera pas de la même façon si, comme je l'ai remarqué au début de ce traité, les jeunes gens sont instruits dans leur propre demeure ou la demeure privée d'un autre, où ils puissent exploiter de leurs yeux tout ce qui se fait dans la cité, et entendre tout ce que l'on dit sur l'un ou l'autre, au point de s'habituer peu à peu à toutes les réalités et d'être en mesure de comprendre par l'examen des vices combien il entre d'honneur et de gloire dans le fait de suivre la vertu : un important secours aussi à cet égard peut se rencontrer dans la lecture continue des historiens, à condition toutefois que cette dernière soit menée avec un précepteur très savant, capable d'éclairer leur sens et leur contenu : examinant attentivement en détail les intentions des princes, les issues des guerres, les actions militaires glorieuses ou honteuses, les conseils des chefs, les défaites, les victoires, les triomphes, les sièges, les ruses de guerre, et les illustrant soit par la comparaison avec des cas similaires ou une critique et un jugement sévère, soit enfin par l'analyse fouillée de ce qui pourrait sembler obscur en soi ; il est surprenant, en effet, de voir combien grande est l'utilité d'une lecture de ce type, et combien profondément elle s'insinue et se répand dans les esprits des jeunes gens, en même temps que la parfaite connaissance de la réalité diverse ; une fois qu'eux-mêmes en ont été teintés et légèrement imprégnés, ils ne s'étonnent plus, ils ne craignent rien. Et en se prescrivant seulement les règles du bien-vivre, ils ne s'offusquent pas plus, à vrai dire, de la conduite des autres que de ce qui ne les touche nullement. Or ce pourrait être là le remède à une cruauté excessive, si les précepteurs joignaient l'explication des fables à leur récit, et s'ils instruisaient diligemment et attentivement les jeunes gens de ce qu'il faut comprendre par les centaures[324] et les scyllas[325], les faunes et les spectres présents dans la mythologie des Anciens ; ce qui, à vrai dire, ne libérerait pas seulement leurs esprits de la crainte et du trouble, mais de surcroît les ornerait et les enrichirait, grâce à la connaissance parfaite de la philosophie ancienne, que, comme s'ils l'avaient reçue des mains d'Homère, d'Hésiode, d'Orphée, les Platoniciens et en outre tous les professeurs de magie naturelle, et de cabale et de chimie à la fois, ont consignée sagement dans leurs ouvrages, qu'ils parent et ornent généralement de réalisations de ce type ; si bien qu'elle ne doit absolument pas être tenue pour rien, de l'avis de certains hommes de notre époque, lorsqu'ils convoitent une partie importante de cette érudition dont se vantent et se glorifient surtout ceux qui parmi les professeurs d'humanités, de philosophie ou de théologie passent pour savoir mieux que les autres qu'elle réside tout entière dans l'explication de fables de ce type. Cependant, s'il faut confesser librement ce que je pense sincèrement, je pose que cette façon d'enseigner est d'un faible secours, à moins que le jeune homme, désormais mûri après avoir accompli le parcours de l'enseignement commun, n'applique ensuite sérieusement son esprit à cette exploration essentielle de la vérité, créatrice non seulement de la vie vertueuse, mais aussi véritablement heureuse et sage, sans laquelle rien de raffiné ni de sage, ni de noble ni de grand ne peut exister ; car elle est comme une lumière éclairant toutes les actions de la vie, et tellement plus puissante assurément que l'astre diurne qu'est uniquement ce soleil pour les yeux, or la vérité apporte la lumière et le jour aux esprits, et il fait en sorte que les choses soient justement perçues telles qu'elles sont, qu'elles soient comme elles sont, cela même précisément; mais cette lumière ne se répand pas uniment de toutes parts et ne s'adapte pas également aux regards de tous : elle requiert de grands esprits, plus pleinement maîtres d'une petite partie du ciel et dégrossis sur la scène du monde, qui, sans être entravés par les préceptes de quiconque ni liés à l'opinion d'aucun, mais de leur plein droit et librement circulent entre les enseignements de toutes les sciences, se promènent à travers les systèmes des mondes, vagabondent au milieu des vicissitudes de la réalité, en examinant tout ce qui est, fut ou sera, de manière à décider pour eux-mêmes ce qui leur paraîtra effectivement bon, et par l'examen patient et minutieux des choses mêmes à revêtir la complexion d'un esprit bien fait, grâce auquel ensuite ils deviennent aptes à juger correctement et sagement de questions particulières, et à distinguer en elles entre le vrai et le faux, entre ce qui est parfaitement conforme à la raison et ce qui ne l'est pas. Or, puisqu'il ne nous est pas permis d'être heureux au point que notre âme, dès son origine première, engendre de tels dons si remarquables, il faut qu'elle les tire et les reçoive d'elle-même, en même temps qu'elle est formée à une connaissance plus vaste et plus riche de la réalité par les précepteurs les plus sages, de l'aide desquels elle peut avoir été privée : nulle raison toutefois pour qu'elle perdît l'espoir d'acquérir un esprit bien fait, à condition de se donner à elle-même quelques principes devant servir de bases et de fondements à tout enseignement noble, véritable, humaniste et de qualité supérieure, et le premier point, à vrai dire, est que la vérité, dont il n'est presque personne toutefois qui ne revendique fortement la possession, resta enfouie jusqu'ici dans le puits de Démocrite[326] sans jamais se manifester aux yeux des mortels, d'où il arrive qu'abusés par la véritable image de cette Junon, nous embrassions les seules nuées de notre imagination, de la compression desquelles ensuite ne sortent pas vraiment des centaures, mais les avortons de tant de pensées et d'opinions qui nous sollicitent à tour de rôle et très négativement. Le second point est que rien dans ce monde n'est stable, rien n'est ferme ni inébranlable, mais tout est soumis à des aléas, et les arts, les royaumes, les sciences, les principes, les cieux même, les terres et les mers sont mus par une certaine alternance, si bien que rien n'est constant ni soumis à une loi éternelle, rien n'est stable et perpétuel dans le monde ; les désirs des hommes par conséquent se trouvent en général frappés de caducité et de vanité, en même temps qu'ils s'aventurent à féliciter de leur pérennité les sciences, les lois, les empires, ou tout ce dont l'attrait les séduit ; un jour, chutèrent Démocrite et Empédocle[327] ; Pythagore[328] tomba ; on voit effondré presque tout le Portique des Stoïciens ; l'Académie de Platon est assiégée d'araignées et de saleté, et moisie, soutenue de tous côtés par un pilier ; dans les champs déserts des Épicuriens, la fougère et les avoines stériles dominent ; Aristote un peu plus fermement prend appui sur notre arbre de la religion, qu'une sorte de lierre toutefois détruit et dévore subrepticement ; mais lui-même tombera au même titre que les autres et ceux qui lui préparent une fosse et méditent son meurtre, Telesio[329], Patrizio, Campanella[330], Basso[331], Gassendi[332] connaîtront également leur sort : la même loi fut imposée aussi aux empires, dont aucun jamais ne fut capable de durer jusqu'à nos jours depuis l'époque la plus ancienne, ni l'empire assyrien, ni le perse, ni le grec ou le romain : la même loi menace aussi les cités,

et la vieille Thèbes aux cent portes gît sous les décombres[333].

Elle n'épargne ni les familles ni les noms, pour lesquels la mort arrive chaque jour, autant que pour les monuments et les individus eux-mêmes, qui, à vrai dire, périssent un à un, non seulement victimes de maladies particulières et occasionnelles, mais du fait d'incendies, d'une inondation, d'un fléau, de la guerre, de la faim, de la même façon que les vignes sont frappées par la grêle, ou les récoltes sont abattues par le vent brûlant, et sont fauchées pêle-mêle, ce qui, à vrai dire, doit nous servir d'exemple, non pas aussi opiniâtrement que c'est généralement le cas de ce qui régit l'ordre de la nature et les lois de l'univers ; mais par la méditation continuelle du sommet et des réalités de ce type, il faut plutôt cultiver des pensées par lesquelles notre esprit, comme placé au centre du monde, observerait toutes les choses évoluer autour de lui, toujours stable, toujours dans son droit et sans aucune crainte. Le troisième point est qu'à l'acquisition d'un esprit bien fait ne contribue pas peu en général ce que les anciens sages ont voulu nous suggérer implicitement sous l'image de Protée[334] *polymorphe*[335] ; de fait, presque tous les récits anciens et les commencements sont fictifs, sauf ce qui est rapporté dans les livres sacrés, rien ne procède d'une foi constante et ferme ; si bien qu'Arnobe[336], lorsqu'il argumentait contre les païens, eut raison de lancer les paroles suivantes : *Vous dénoncez la fausseté de nos croyances, et nous dénonçons la fausseté des vôtres, mais les nôtres sont plus anciennes, dites-vous, et pour cette raison toutes pleines de foi et de vérité ; comme si l'Antiquité n'était pas la mère la plus féconde en erreurs, et n'avait pas enfanté les plus infâmes flétrissures de Dieu présentées dans les légendes honteuses*[337] ? Par là s'effondre non seulement ce qu'Homère et d'autres chantèrent sur la généalogie des dieux et les exploits des héros, mais ce que les historiens rapportèrent sur les origines de haut renom des royaumes, des peuples et des cités ; s'il est vrai que la plupart des peuples et des nations, ignorants de l'ancienneté et de la véritable et exacte succession des époques imaginèrent des origines pour ainsi dire légendaires, comme les Thessaliens, qui tiraient leur origine des pierres, et les Arcadiens ou les Athéniens, dont les uns affirmaient déraisonnablement être *autochtones*[338], et les autres plus anciens que les astres et la lune : je ne crois pas qu'il y ait un seul enfant qui à la lecture des historiens ne vît immédiatement qu'Hérodote[339] et Diodore de Sicile[340], pour ne rien dire des autres, nous ont proposé pour début les inventions brumeuses et les obscurités de leurs livres ; Tite-Live, au contraire, bien que nettement plus réservé qu'eux, lorsqu'il passe en revue les commencements de la ville de Rome et par là de Romulus, est forcé de reconnaître au demeurant les inventions des auteurs anciens, qui, pour recommander leurs propres cités aux grands auteurs, eurent recours à cette excuse ; il estime qu'il serait juste de leur concéder qu'en mélangeant assurément les réalités humaines aux réalités divines ils rehaussent les origines des villes. Rien d'étonnant, à vrai dire, si dans l'héritage légué à notre époque ou quelquefois à nous-mêmes, la plupart des auteurs ajustent indirectement leur style, profèrent des énigmes et de pures extravagances, en prétendant que nous avons la tête si vide parce que nous prêtons l'oreille à leurs fadaises, ou plutôt en montrant qu'ils ne sont pas vraiment en possession d'un esprit bien fait, en composant des ouvrages semblables à la maison d'Euclion[341], qui était tout encombrée de cavités et d'araignées, d'où, à pas de loup et avec une circonspection de chaque instant, il convient de s'avancer au milieu de tant de mensonges non seulement des historiens mais presque de tous les auteurs, pour échapper comme des moustiques à l'encerclement et à la capture par leurs flèches. Ce qui a été remarqué par un petit nombre d'entre eux ou plutôt par personne, je ne peux assez m'en étonner, c'est que la force et l'ordre de la nature sont tels surtout qu'en toutes choses se développe une saleté, une fange, qu'il convient d'enlever et de retrancher, et pour cette raison de nettoyer les grains, les herbes, les arbres, le fer, la terre, l'eau, enfin les corps des hommes et des animaux, ce qui est l'unique raison pour laquelle les anciens mythologues présentèrent les illustres Gaulois comme les serviteurs phrygiens de Cybèle[342], la contrée dont ils affirmaient être issus, étant donné qu'ils voulaient montrer que tous les produits de la terre donnaient forme à quelque chose, qu'il fallait continuellement élaguer, et de la même façon ils pensaient qu'il fallait consacrer un castor à la mère de Bérécynthe[343], que l'on appelait aussi la terre, sous prétexte que cet animal a la réputation de se couper lui-même les parties génitales et de les piquer par une morsure : ce qui est vrai pour le reste se révèle en fait absolument vrai d'autre part pour les sciences et les arts, dont presque aucun n'est tel qu'après avoir maintenu les hommes occupés assez longtemps à des tâches vraiment utiles et essentielles en elles-mêmes, il ne les précipite pas dans des occupations purement superflues, vaines et ridicules, même si c'est là moins le résultat des arts eux-mêmes que de la nature de notre intelligence et de notre pensée, qui, bien qu'elle ait en partage une certaine vigueur ardente et soit descendue des cieux vers la prison terrestre, conserve généralement la nature de l'un et l'autre éléments, et le tient à distance du ciel, si bien qu'il n'est jamais au repos, loin du feu, si bien qu'il explore et scrute tout, et avance toujours plus loin ; de là, après avoir embrassé les règles, la méthode et le système d'une science, et une fois qu'elle ne peut rien trouver de plus en elle-même avec raison et fondement, voilà qu'elle s'abaisse au plus vite aux futilités plutôt que de rester tranquille, et qu'elle peint des gourdes, des fantômes et des vampires, les tours et les veines du soleil, ou plutôt des songes et des techniques vaines et imaginaires, qui ne contiennent pas en elles plus de vérité que leurs auteurs ne possèdent d'intelligence et de jugement : de là il découle que nous sommes en mesure d'obtenir des sciences presque toujours parfaites et définies par des limites précises, puisque la grammaire, pour commencer par elle, ne s'annexe pas seulement les sujets frivoles dont il a été question plus haut, mais en outre l'onomancie, l'alectromancie et la dactylomancie[344], qui sont des arts divinatoires, imaginés à partir de l'assemblage fortuit des lettres et des noms ; la rhétorique convoquerait non seulement aux préceptes d'Aristote, de Quintilien ou de Cicéron, mais appellerait à la rescousse les discours de la technique de notation[345], les images de la mémoire artificielle, les roues de Lulle[346], le théâtre de Julius Camillus[347], la typocosmie[348], les syntaxes de Grégoire[349], les règles de l'encyclopédie, et tout autre futilité de ce type ; la dialectique s'exercerait volontiers dans l'amplification, le rétrécissement, l'implication, la supposition des petits traités, et dans les bagatelles et les sophismes du même genre ; la musique enfin composerait ses accords et ses mesures à l'image d'une certaine harmonie céleste ; si bien qu'une fois tous les autres arts écartés, j'en arrive aux sciences majeures, pour ainsi dire matrices de toutes les autres, parmi lesquelles, vu que la physique, la médecine ainsi que la théologie sont toujours tenues pour éminentes, elles entraînent avec elles des sortes de corrélats, qui au premier abord cependant ne semblent pas indignes de l'étude et de l'investigation des sages, tandis que l'astrologie s'efforce de contenir l'influence et la domination des réalités supérieures sur les réalités inférieures, mais la magie s'emploie à détourner la philosophie naturelle de la vérité des spéculations vers l'immensité des œuvres, et la chimie aussi entreprend de nettoyer les corps eux-mêmes souillés, de libérer ce qui est entravé, de parachever ce qui n'est pas parvenu à maturité ; appliquée à elles précisément, la Cabale prétend révéler les mystères de toute l'Écriture sainte et les proposer ouvertement à la contemplation ; ces sciences elles-mêmes cependant se trouvent être telles en soi et dans leur logique propre qu'elles procèdent plus de l'imagination et de la croyance que de la raison et de la démonstration ; c'est pourquoi, il est logique même de penser que les chemins qui mènent aux limites de ces dernières sont tout pleins d'erreur et de fadaises, et qu'ils finissent par nous conduire à travers des détours variés et labyrinthiques vers la rhétorique judiciaire, la magie superstitieuse et l'alchimie ; tous, à mon avis, doivent être écartés avec ceux énumérés plus haut comme étant la fange et les excréments des autres arts, pour se tourner vers les vieilles femmes en haillons et les vagabonds, les devins ambulants, les mendiants, les bouffons, les marchands de vide, les vauriens et les charlatans, auprès desquels ils vont à la pêche du profit comme avec un hameçon, et prennent conseil pour leur vie mauvaise et infâme. En même temps, je voudrais avertir les jeunes gens de noble origine de ne jamais se laisser prendre au piège de telles fadaises, s'ils s'efforcent de se créer une idée de l'esprit bien fait et de la sagesse ou, une fois obtenue, de la conserver. Le cinquième et dernier point est celui que j'introduis non seulement comme précepte pour acquérir un esprit bien fait, mais en quelque sorte aussi comme remède au défaut principal que j'ai relevé plus haut chez les hommes dans la pratique des études ; il introduirait la véritable manière de philosopher, affranchie du jugement et de l'appréciation des choses, non limitée par l'opinion ou le sentiment, dont s'éloignent considérablement ceux qui s'y trouvent enfermés avant d'être en mesure de juger ce qui vaut le mieux, et qui à l'âge le plus fragile de la vie, ou pour complaire à quelque ami, ou encore séduits par le discours de quelqu'un qu'ils ont écouté d'abord, jugent de matières inconnues et, quelle que soit l'école vers laquelle ils sont portés comme par une tempête, ils s'y accrochent comme à un rocher, d'où, par Hercule, ils voient l'origine de la vérité et de ce qui est conforme à la droite raison, comme les Cimmériens[350] distinguent le soleil, ou ceux qui se promènent par une nuit sans lune leur chemin, et si en achetant et rassemblant ce qui se rapporte à l'usage et au soin du corps on déploie assez de zèle pour acheter quelque chose non sans grand discernement ; et si un marchand jure que les marchandises qu'il propose à la vente sont les meilleures, est-ce une raison pour te fier à son témoignage plus qu'à ton jugement, avec quel plus grand soin et discernement crois-tu que les marchandises intellectuelles que nous vendent les philosophes doivent être explorées et choisies ? Or, ils sont eux-mêmes les marchands et les colporteurs de la sagesse ; c'est pourquoi, s'il existe pour toi quelque avantage et utilité dans les discours de Platon ou la suspension de jugement d'Arcésilas[351], accueille-le ; si quelque bon fruit pousse dans les jardins d'Épicure, cueille-le ; si de quelque façon le Lycée propose mieux, prends-le ; si les marchandises de Zénon se vendent plus facilement que celles d'Aristote, tourne-toi vers son Portique ; si tous ont un attrait qui te séduit puissamment, accepte-le justement cas par cas, d'où qu'il vienne, pour atteindre la vérité unique qui l'a attiré, et sans céder à l'opinion de l'un ou de l'autre, d'Aristote ou de Platon, de saint Thomas[352] ou de Scot[353], d'Hippocrate[354] ou de Paracelse[355], de Ptolémée[356] ou de Tycho[357], mais librement, et comme établi juge et arbitre de tous ; il convient, en effet, qu'il en soit ainsi pour toute personne voulant juger correctement et fermement de toutes choses. Toute personne, par conséquent, qui aura formé son esprit et sa pensée selon ces cinq principes, pour ainsi dire préalables, peut estimer sans hésiter qu'elle a accompli de grands progrès dans l'acquisition d'un esprit bien fait, sans rien attendre de plus qui l'empêche d'accomplir pendant le reste de sa vie des actions propres à le distinguer de la lie commune et très ordinaire des mortels, et à le recommander éternellement par l'apanage très vénérable et fort précieux d'un esprit sage. Or, comme de telles actions jaillissent, à vrai dire, par elles-mêmes en tout type d'individu, mais surtout chez les lettrés, il me reste maintenant à exposer en quelques mots quelles doivent être les qualités de ceux qui s'adonnent aux études humanistes, pour éviter d'être corrompus et ravagés au même titre que les autres par les deux fléaux que j'ai examinés en dernier. Donc pour ce qui est de celui qui consiste en une pratique dépravée des études, tandis que nous convoitons des futilités et de véritables inepties, telles que les centons d'Ausone et de Capilupi[358], les anagrammes de Mestrali[359] ; les acrostiches de Raban[360], de Porphyrius Optatianus[361] et de Du Monin, et tous les divertissements de ce type qu'imaginent les jeunes gens ; bien que ce point précis ait déjà été abondamment traité auparavant, j'ajouterai néanmoins ici que j'approuve complètement le jugement et la récompense d'Alexandre le Grand, sur un sujet guère différent. Ce dernier, en effet, souhaita que par le seul souffle de sa bouche un homme fût gratifié d'une toute petite gesse, l'enfonçant très exactement dans l'aiguille à grands intervalles, selon la mesure des pois chiches, afin que ce bonimenteur s'exerçât plus longuement dans la futilité d'un art si ridicule : or je ne vois pas pourquoi ne mériteraient pas une semblable récompense ceux qui convoitent les affligeantes inepties dont personne ne sort ni plus instruit ni meilleur. Aussi, puisqu'il est honteux non seulement que des hommes sérieux et érudits courent après des futilités, et, alors qu'ils peuvent cheminer par des surfaces planes et égales, circulent à la manière des chèvres, parmi les rochers, les aspérités et les inégalités du sol, mais que ce serait aussi chose odieuse de cultiver d'affligeantes balivernes, et c'est[362] là un labeur insensé de sottises, jamais les lettrés n'ont à adopter des pensées assez viles et abjectes pour abaisser leur esprit à ces extravagances et ces sottises, dans lesquelles ceux qui se montrent plus subtils gagnent en outre d'être tenus pour plus stupides encore. Or, il ne faut pas croire qu'ils commettent une faute plus légère que ceux qui sont ballottés de temps en temps par l'ignorance des choses, par la faiblesse et l'instabilité de leur esprit, entraînés par le torrent des opinions populaires dans la direction d'où ils ne peuvent revenir sans une sévère perte de leur propre estime, et sans danger, comme Horace le formula justement.

> *Non, l'homme inhabile à faire la différence entre la pourpre*
> *de Tyr et les laines qu'imbibe la teinture d'Aquinum*
> *ne subira pas un dommage plus certain et l'affectant*
> *davantage*
> *que l'homme incapable de distinguer le vrai du faux*[363].

Outre, en effet, qu'imprégnés d'idées fausses, ils sont abusés et abusent, une attitude qui chez l'homme sage et bon est jugée absurde, ils se ferment également la route pour la recherche ultérieure des faits et des causes, ce qui est tout à fait indigne d'un érudit ; c'est pourquoi, pour faire face à cette calamité, l'esprit doit être façonné sur le modèle du courage héroïque, afin de tout examiner attentivement, de tout explorer vaillamment, de tout résoudre lucidement ; en se méfiant de la multitude, parce qu'il n'en va pas si bien avec la réalité humaine que le meilleur plaise majoritairement à la majorité ; non aux prophètes, sauf à ceux qui réalisèrent des miracles, puisque quelques-uns sont animés par l'Esprit saint : presque tous par une humeur mélancolique, par l'orgueil ou un engouement importun ; non aux astrologues, parce qu'à forcer de lancer tant de traits, il n'est pas surprenant qu'ils n'atteignent aucune cible ; non aux alchimistes, vu qu'ils réclament de l'argent à ceux auxquels ils promettent des trésors ; non à la Renommée, parce qu'elle est décrite par les poètes comme la messagère acharnée du mensonge et de la fausseté autant que de la vérité ; mais à l'unique Raison, absolument limpide et constante. Or, comment ce courage remarquable et vraiment héroïque de la pensée peut-il être obtenu, qui est le rejeton d'un esprit bien fait, et le fruit de loin le plus suave et le plus agréable de tous : je m'égarerais, si j'entreprenais de le dire ici, après avoir discuté plus haut de ce qui est requis surtout pour acquérir cet esprit bien fait.

Et pour qu'il soit avéré qu'il était plus souhaitable et plus digne de traiter ce sujet que d'autres, lequel, d'après moi, il me fallait aborder une fois avec un soin minutieux, puisque c'est là, à mon avis, le fruit principal d'un long travail et d'une attention portée aux études, je ne sais pas cependant, très noble Fabrizio, comment la ferveur singulière de mon affection pour toi, en me poussant continuellement à t'offrir ce présent, eut même pour effet que j'ai développé et exposé cela en moins de pages que je ne me l'étais proposé au départ : certes, j'ai été vivement aiguillonné par ta remarquable vertu et noblesse, qui ne convoite rien d'infime, de sale ou de commun, si bien que j'ai porté à ton honneur un plus grand présent d'intelligence : il t'appartient seulement, très fortuné jeune homme, d'être stimulé par mes préceptes, l'affection et la clémence de ton père, les exemples de tes parents, vers ce qui est digne de toi-même, jusqu'à être capable d'introduire une nouvelle gloire dans ta famille, et de maintenir par elle le remarquable usage non seulement de convoiter l'éloge, mais de le gagner[364].

FIN[365].

NOTES

1. Guidi est le nom d'une grande famille originaire de Toscane, dont la branche des comtes de Bagno est installée en Émilie-Romagne. G. Naudé fut le secrétaire et bibliothécaire du cardinal Giovanni Francesco Guidi di Bagno (1565-1641), jusqu'à la mort de ce dernier. Giovanni Francesco est le frère de Niccolò Guidi (1583-1663), père du jeune Fabrizio auquel est dédié le *Syntagma*. Le cardinal Bagno acquit une grande réputation à l'occasion de ses succès diplomatiques, notamment lors de ses nonciatures en France ; il fut considéré comme un successeur possible d'Urbain VIII. Voir G. Lutz, *Kardinal Giovanni Francesco di Bagno. Politik und Religion im Zeitalter Richelieus*, Tübingen, Max Niemeyer, 1971.

2. Niccolò Guidi (1583-1663), marquis de Montebello et comte de Bagno, épouse Theodora ; de la Maison Gonzague, lignée de Palazzolo.

3. Bourg des États de l'Église.

4. Proverbe cité par Érasme, *Adages*, 2, 2, 35, et illustré dans les *Emblèmes* d'Alciat, 877. Texte originel : « Canis festinans caecos parit catulos. »

5. Apulée (123-170), écrivain latin d'origine africaine.

6. Peintre grec du IVe siècle a.C., cité par Pline l'Ancien.

7. Peintre grec de la seconde moitié du IVe siècle a.C., qu'Apelle contribua à faire connaître : admirant la méticulosité du travail de Protogène, il dit que sa seule supériorité sur son concurrent était de savoir « ôter la main d'un tableau ».

8. Aristarque de Samothrace (220-143 a.C.), critique et grammairien grec, remarqué pour sa contribution aux études homériques. Il se fixa à Alexandrie, où il fut un disciple d'Aristophane de Byzance et devint vers 153 le directeur de la Bibliothèque ; il se retira plus tard à Chypre. Il fonda une école de philologues (qui après sa mort reçurent le nom d'aristarchiens) et prospéra longtemps à Alexandrie, puis à Rome. Il constitua le *Canon alexandrin*, la liste des auteurs grecs jugés les plus remarquables pour la pureté de leur langue.

9. Alain de Lille (1120-1202), *Cyclopaediae Anticlaudiani, seu De officio viri boni libri novem heroico carmine conscripti* (XIIe siècle).

10. *Anticlaudianus, sive De officiis viri boni et perfecti*, 4, 168-173.

11. Méonie, autre nom de la Lydie (province d'Asie mineure).

12. Alcée de Mytilène, poète grec de l'époque archaïque, représentant de la poésie lyrique monodique. Le Canon alexandrin fait de lui le second des poètes lyriques grecs.

13. Stésichore, poète grec du VIIe siècle a.C. ; l'un des neuf poètes lyriques contenus dans le Canon alexandrin.

14. Pindare (518-438), poète lyrique grec.

15. Simonide de Céos (556-467), poète lyrique grec.

16. Horace, *Odes*, 4, 9.

17. Philosophe (4 a.C.-65 p.C.) de l'école stoïcienne, dramaturge et homme d'État romain.

18. Sénèque, *Lettres à Lucilius*, 79, 5.

19. Composées dans les trois dernières années de la vie de Sénèque (4 av. J.-C.-65), les cent vingt-quatre *Lettres à Lucilius*, adressées par Sénèque à l'ami et poète Lucilius, forment un manuel complet de philosophie.

20. Poète latin (43 a.C.-17 p.C.).

21. Poète latin contemporain d'Ovide.

22. La traduction par «les Catilion» paraît hasardeuse. G. Naudé emploie le substantif *catillones* (confondu avec *Catiliones*?) comme patronyme. Il s'agit de ceux qui, arrivés les derniers au repas de la fête d'Hercule, léchaient les plats. Dans la tradition érudite, les Potitii sont rapprochés des «Parasites» de l'Héracléion du Cynosarge.

23. Ancienne famille du Latium consacrée au culte d'Hercule, mentionnée par Tite-Live (livre I).

24. Commune italienne de la province de Latina dans le Latium en Italie.

25. Commune italienne de la province de Rimini dans la région Émilie-Romagne.

26. Urbin ou Urbino (désignation usuelle en français moderne), commune italienne de la province de Pesaro-Urbino dans les Marches.

27. Éphore de Cumes, orateur et historien grec de l'époque classique.

28. Varron, écrivain et savant romain de rang équestre, né à *Reate* (auj. Rieti) en 116 et mort en 27 a.C.

29. Ausone, poète de langue latine, né à Bordeaux vers l'an 309 et mort vers 394.

30. Pausanias dit le Périégète, géographe et écrivain grec du IIe siècle p.C.

31. Polydore Virgile (1470-1555), écrivain italien secrétaire du duc d'Urbino.

32. Federico Commandino (Urbino, 1509-1575) reçut une solide formation classique avec Giacomo Torelli da Fano, et Gian Pietro de'Grassi pour les mathématiques. Traducteur des écrits scientifiques de l'Antiquité, il est l'auteur d'éditions d'Euclide et d'Archimède, qui firent autorité. Il s'intéressa notamment à la perspective et aux horloges solaires.

33. Aurelio Corboli (1539-1598), noble d'Urbino.

34. Bernardino Baldi (Urbino, 1553-1617), mathématicien et homme de lettres. Il fut l'élève de Federico Commandino et de Guidubaldo del Monte. À partir de 1573, il étudia les sciences et les lettres à Padoue. Rapidement célèbre pour sa vaste culture, il s'intéressa surtout aux lettres grecques et traduisit les *Phénomènes* d'Arétée, le livre sur les automates d'Héron d'Alexandrie (Venise, 1589), ainsi que *Héro et Léandre* de Musée. Auteur de *In Mechanica Aristotelis problemata exercitationes* (Mayence, 1621) et d'une *Vie* de Copernic (1588), il est connu aussi pour ses poésies (*Il Lauro*, 1600 ; *La Corona dell'anno*, 1589).

35. Paolo Mazza (1576-1638), lettré et professeur de grammaire et de belles-lettres de Bologne.

36. G. Naudé apprécia particulièrement le *Della ragion di Stato* (Urbino, 1623) de Federico Bonaventura (1555-1602, inhumé à Urbino), membre de la Cour d'Urbino à partir de 1573, ville dans laquelle plusieurs de ses œuvres furent éditées. En septembre 1578, durant son séjour à Urbino, Le Tasse habita chez lui. On connaît aussi, à Urbino, un Giovanni Bernardino Bonaventura.

37. Famille noble d'Urbino.

38. Les Battiferri, originaires de Mercatello, s'établirent à Urbino. Cette famille comprend notamment Jacopo et Matteo, médecins, Laura, poétesse, Luigi, musicien compositeur, et Marc'Antonio Vergilii, auteur d'une oraison funèbre en l'honneur de Bernardino Baldi (Urbino, 1617).

39. Jacopo Michalorio, canoniste d'Urbino.

40. Patronyme d'une famille noble.

41. Antonio Pucci (1485-1544), ou Francesco Pucci (1543-1597), théologien et humaniste.

42. Patronyme porté par diverses personnalités célèbres.

43. Lodovico Odasio († 1510), humaniste travaillant à la cour des ducs d'Urbino.

44. Giovanni Leone Semproni (1603-1646), poète et lettré.

45. Antonio Manasangue, légat pontifical (1599).

46. Patronyme d'une famille d'Urbino ; il s'agit sans doute de Vittorio Bartolini, auteur de l'un des poèmes liminaires du *Syntagma*.

47. À Urbino s'illustrèrent notamment Angelo Galli (fin XIVe s.-v. 1459), Antonio Galli (1510-1561) et son fils Federico (qui présida l'*Accademia degli Assorditi*).

48. Rafaello Fabretti (1618-1700), archéologue italien, trésorier d'Innocent VIII, légat dans le duché d'Urbino, et préfet des archives secrètes du château Saint-Ange sous Innocent XII. Chargé de diverses missions, il se lia avec les savants d'Espagne, de France et d'Italie.

49. Plusieurs possibilités.

50. Le Picenum est une province de la Rome antique située dans l'actuelle région des Marches.

51. Virgile, *Bucoliques*, 1, 25.

52. Monte Carpineo, près de Cattolica.

53. Monte Sacchetti, entre Corrubbio et Castelrotto, dans la région de Vérone.

54. Ville-république près de Bologne. Voir A. Garosci, *San Marino. Mito e storiografia tra i libertini e il Carducci*, Milano, Edizioni di Comunità, 1967.

55. Distique (« Sancti ad praerupta Marini saxa / Et stelliferum ferientes aetera rupe. ») d'Ovidio Montalbani (poète de Bologne) figurant en ouverture du livre composé par Matteo Valli à l'instigation de G. Naudé, *Dell'origine et governo della Republica di San Marino, breve relatione di Matteo Valli*, Padova, G. Crivellari, 1633 (lettre en date du 30 mai 1633, adressée à Gabriel Naudé, et précédée d'une lettre de celui-ci à La Mothe Le Vayer, du 30 juin 1633). Voir P. Franciosi, « Matteo Valli, segretario e storico della Republica di San Marino », *Rivista storica italiana*, 12, 1895, pp. 450-462.

56. Fleuve d'Ombrie (aujourd'hui Conca) se jetant dans la mer Adriatique près de la ville de Cattolica.

57. Le Permesse, rivière arrosant la demeure des Muses.

58. Flavio Biondo (1392-1463), historien, archéologue et humaniste. Le premier à employer l'expression « Moyen Âge », il fut un pionnier de l'archéologie. On lui doit la découverte à Milan de la copie unique du dialogue de Cicéron *Brutus, de claris oratoribus*. Il fut le secrétaire des papes Eugène IV, Nicolas V, Calixte III et Pie II, et composa sur les antiquités de Rome et de l'Italie des ouvrages remarquables pour l'époque,

qui furent longtemps consultés avec profit. On cite surtout : *Romae instaurata lib. III* (Vérone, 1481, in-fol.) et *Romae triumphantis lib. X* (1482, in-fol.). Ses œuvres furent réunies à Bâle (1559).

59. Horace, *Satires*, 2, 6, 60-61.

60. Federico Ubaldini (1610-1657), homme de lettres, auteur de diverses biographies (entre autres de Francesco Barberini).

61. Deux bas-fonds sur la côte nord de l'Afrique, entre Cyrène et Carthage.

62. Port du golfe de Corinthe où débarquaient les pèlerins pour Delphes.

63. Homme de lettres.

64. Remerciements cordiaux à Paola Bernardini (Urbino), Claudia Stancati (Cosenza) et Paola Losi (Paris) pour m'avoir apporté leurs lumières dans la traduction de ces textes rédigés en italien ancien.

65. Raffaele Della Torre (1579-1667), philosophe politique, juriste, auteur de divers écrits de controverses théologiques.

66. Jean-François Slingeland fut le secrétaire de la correspondance latine du cardinal de Bagny avant de devenir chanoine de Douai.

67. Pierre précieuse, une sorte de quartz.

68. Petit croissant (ornement des femmes).

69. Voir Pline le Jeune, *Lettres*, 1, 14, 7-8 : « Quant à Acilianus, il associe beaucoup de vigueur et d'activité à une extrême modestie [...] Il a un visage noble, auquel un sang généreux donne un teint vivement coloré, et toute sa personne respire la distinction d'un homme libre avec la dignité d'un sénateur. »

70. Écrivain latin chrétien (IIIe siècle p.C.).

71. Virgile, *Géorgiques*, 2, 18-19.

72. Il s'agit sans doute d'un précepteur du jeune Fabrizio.

73. Texte non identifié ; centon virgilien ?

74. Guarino Guarini (1370-1460), humaniste italien de la Renaissance.

75. Rudolph Agricola (1443-1485), humaniste néerlandais.

76. Érasme (1469-1536), humaniste et théologien néerlandais de la Renaissance.

77. Réputé en son temps pour son enseignement, dispensé dans diverses villes françaises et allemandes, Joachim Fortius Ringelberg (ou Joachim Sterck van Ringelbergh) fut un humaniste flamand (v. 1499-v. après 1531), ami d'Érasme et d'Oporinus. Publiés séparément, ses traités, dont ceux relatifs aux humanités, furent réunis dans ses *Opera* (Lugduni, Apud Gryphium, 1531) : *Liber de ratione studii, Elegantiae, Libellus de usu vocum quae non flectantur, Elementa Graeca, Dialectica, Tabulae dialecticae, Rhetoricae et quae ad eam spectant, Liber de figuris ac vitiis orationis, Sententiae, Liber de formis dicendi*, etc.

78. Johann Heinrich Alsted (1588-1638), théologien, philosophe et encyclopédiste protestant allemand.

79. Pétrone (30-66), écrivain latin auquel est attribué le roman *Satyricon*.

80. Horace, *Satires*, 3, 85-86.

81. En grec dans le texte.

82. Auteur latin du Ier siècle p.C.

83. En grec dans le texte.

84. Humaniste (1484-1558).

85. Comédie de Térence.

86. Philosophe humaniste, moraliste et homme politique français de la Renaissance (1533-1592).

87. Né en 1541, Pierre Charron suivit des études de droit à Orléans. Devenu avocat à Bourges, puis au barreau de Paris, il abandonna alors sa charge pour se consacrer à la théologie. Dès 1576, il fut chanoine à Bordeaux, où il devint l'ami intime de Montaigne. Le succès et la renommée de ses prêches lui valurent d'être nommé prédicateur ordinaire de la reine Marguerite de Valois. Il reprit ensuite ses sermons à Angers et à Bordeaux, où il fut vicaire général, et mourut à Paris, au cours d'un voyage, en 1603. En 1593, il publia anonymement son traité théologique *Les Trois vérités contre les athées, idolâtres, juifs, mahométans, hérétiques, schismatiques*, une œuvre d'apologétique catholique et une réponse au *Traité de l'Église* du protestant Philippe Du Plessis Mornay. En 1601 parut à Bordeaux son œuvre majeure, *De la Sagesse*, en partie influencée par la pensée de Michel de Montaigne, dans laquelle Pierre Charron définit une sagesse humaine et philosophique, qu'il distingue de la sagesse mondaine et de la sagesse divine. Cette morale rationnelle, séparée de la religion et d'inspiration néo-stoïcienne, repose sur la critique des préjugés et de l'autorité des Anciens. Pour P. Charron, une morale fondée sur la religion conduit à l'intolérance et au fanatisme ; il est donc nécessaire de séparer la morale de la religion. Cet ouvrage, mis à l'index en 1605, est l'un des manifestes du libertinisme.

88. George Buchanan (1506-1582), poète latin moderne, dramaturge et historien.

89. Surnom de Pier Angelo Manzolli (1500 ?-1543).

90. L'anagramme Marcello Palingenio (Stellato) est le surnom de Pier Angelo Manzolli, Palingenius signifiant ressuscité et Stellatus renvoyant à Stellata, le bourg proche de Ferrare où il naquit.

91. Orbilius (114-14) le fouetteur (ou fouettard), maître de la pédagogie du fouet ; ancien professeur d'Horace (*Épîtres* 2, 1, 70-71).

92. Extrait du *Zodiacus vitae* de Marcello Palingenio Stellato (1542 ?). Seul ouvrage de Manzolli conservé, le *Zodiaque*, divisé en deux livres comme le zodiaque astronomique l'est en douze signes, doit principalement son succès à la hardiesse de ses tirades contre l'Église romaine ; il contient aussi de beaux vers qui lui valurent les éloges de P. Bayle, A. Baillet, B. de La Monnoye et G. Naudé.

93. Né de Typhon et d'Échidna, ce monstre passait pour vivre dans une caverne près du lac de Lerne : il avait le corps d'un chien et neuf têtes de serpent. Une seule de ces têtes était immortelle. Envoyé par Eurysthée pour tuer l'Hydre, Héraclès accomplit le deuxième de ses douze travaux. Le héros coupa d'abord une tête, mais deux autres repoussèrent aussitôt à la place. Aussi, avec l'aide d'Iolaos, son fidèle compagnon, Héraclès brûla les têtes de l'Hydre, trancha celle qui était immortelle et l'enterra sous un lourd rocher ; puis il trempa ses flèches dans le sang du monstre afin de rendre leur blessure mortelle. Ce sang entra dans la composition du philtre empoisonné que Nessus, en mourant, offrit à Déjanire et qui provoqua la mort d'Héraclès. L'odeur pestilentielle s'exhalant du fleuve Anigros avait été provoquée par les flots de sang du monstre déversés dans ses eaux.

94. Dans la mythologie grecque, Prométhée vola le feu aux dieux pour le donner aux hommes. Pour se venger, Zeus ordonna à Vulcain de créer une femme faite de terre et d'eau. Elle reçut des dieux de nombreux dons : beauté, amabilité, adresse, grâce, intelligence, mais aussi l'art de la tromperie et de la séduction. Ils lui donnèrent le nom de Pandore, qui en grec signifie « dotée de tous les dons ». Elle fut ensuite envoyée chez Prométhée. Épiméthée, le frère de ce dernier, se laissa séduire et finit par l'épouser. Le jour de leur mariage, on remit à Pandore une jarre dans laquelle se trouvaient tous les maux de l'humanité ; on lui interdit de l'ouvrir. Par curiosité, elle ne respecta pas la condition, et tous les maux s'échappèrent pour se répandre sur la Terre. Seule l'espérance resta au fond du récipient, ne permettant même pas aux hommes de supporter les malheurs s'abattant sur eux. C'est de ce mythe que dérive l'expression « boîte de Pandore » symbolisant la cause d'une catastrophe.

95. Les *andabates* étaient une catégorie de gladiateurs romains : ils portaient des casques entièrement fermés sur le devant, de telle sorte qu'ils se battaient sans voir, ce qui excitait l'hilarité des spectateurs.

96. Le Lycée est un gymnase d'Athènes où enseignèrent Socrate puis Aristote. Pour cette raison, les disciples d'Aristote furent qualifiés de « ceux qui se promènent près du Lycée », d'où le nom français de *péripatéticiens*.

97. Le terme d'Académie fut employé la première fois pour désigner l'école que Platon fonda à Athènes en 387 a.C.

98. Dieu du commerce, des voyages et messager des autres dieux.

99. De son premier nom Alcide, fils de Zeus et d'une mortelle, il est l'un des héros les plus vénérés de la Grèce antique. La mythologie grecque lui prête un grand nombre d'aventures.

100. Marsile Ficin (1433-1499), célèbre humaniste florentin. L'académie platonicienne fondée à Florence sous le règne de Cosme et Laurent de Médicis, qui rassemblait un cénacle de philosophes, d'érudits et de scientifiques, fut illustrée par Marsile Ficin, représentant éminent du platonisme de la Renaissance. Il réalisa la traduction latine d'un grand nombre de textes platoniciens et néoplatoniciens (les dialogues de Platon, les *Ennéades* de Plotin, divers traités de Jamblique, de Porphyre, de Proclus et du pseudo-Denys). Son œuvre de traducteur et d'exégète du platonisme joua un rôle considérable dans l'Europe de la Renaissance. Son œuvre personnelle est un effort de conciliation entre la révélation chrétienne et la théologie platonicienne. Il s'opposa ainsi à l'aristotélisme des écoles de son époque, qu'il accusait de détruire la religion. M. Ficin, en s'appuyant sur la tradition platonicienne, élabora une nouvelle apologétique, fondée sur une « *pia philosophia* » et une « *docta religio* ».

101. Le diptyque circule comme un proverbe dans toute la littérature didactique.

102. Jean de Salisbury (1115-1180), philosophe et historien anglais.

103. Hugues de Saint-Victor, *Didascalicon*, 3, 12.

104. Poète de langue latine (IVe siècle).

105. *Epigrammata Bobiensia*, 68 (« Ex Demosthene » = Isocrate, 1, 18) ; longtemps attribué à Ausone (épigramme 141).

106. Éditeur et imprimeur vénitien (1450-1515), célèbre pour sa contribution importante à la diffusion de la culture humaniste en Italie.

107. Sébastien Gryphe, libraire-imprimeur (1493-1556).

108. Humaniste († 1587).

109. Humaniste italien (1519-1592).

110. Jeu de hasard dans lequel deux personnes se montrent simultanément un certain nombre de doigts dressés en criant un chiffre pouvant exprimer ce nombre (celui qui donne le chiffre juste gagne).

111. La source Hippocrène se trouve sur le mont Hélicon, lieu de prédilection des Muses selon la mythologie grecque.

112. Ce cheval ailé et magique, aussi rapide que le vent, naquit du sang de Méduse, lorsqu'elle eut la tête tranchée par Persée. Il vécut en quête des fontaines : d'un coup de sabot sur l'Hélicon, il donna naissance à la source d'Hippocrène. Un jour qu'il s'abreuvait à la source de Pirène, sur l'Acrocorinthe, il fut dompté par Bellérophon. Ce dernier, monté sur le miraculeux coursier, multiplia les prouesses. Il vainquit en particulier la Chimère. Mais l'orgueil le perdit : porté par Pégase, il voulut monter aux cieux. Zeus le désarçonna. Seul le cheval ailé atteignit le domaine des dieux, qui le placèrent parmi les constellations.

113. Aulu-Gelle (125-180), grammairien et compilateur latin.

114. *Nuits attiques*, 12, 5, 7.

115. Terentianus Maurus (fin IIe siècle p.C.).

116. Si Hippocrate posa les bases de la médecine au Ve siècle a.C., Claude Galien (131-201) poursuivit la réflexion de cette science améliorant sa précision et sa qualité, et permettant que la médecine antique se rapproche de la médecine actuelle. Son influence fut telle qu'elle s'étendit aux médecines juive, chrétienne et musulmane du Moyen Âge.

117. Allusion au passage relatif aux sept qualités que l'individu est invité à posséder dès l'enfance pour espérer parvenir à la connaissance du vrai. Édition Kühn, I, 225-304 = édition de S. Fortuna dans le *CMG* V 1, 3, Berlin, 1997, texte grec et traduction italienne ; traduction française dans Galien, *Systématisation de la médecine*, sous la direction de J. Boulogne Lille, Presses universitaires du Septentrion, 2003. Merci à Véronique Boudon-Millot pour cette précision bibliographique.

118. Cicéron, *Pro Archia*, 7, 15.

119. Palamède, fils de Nauplius, roi de l'île d'Eubée. Disciple de Chiron, il avait suivi les autres princes grecs au siège de Troie. Il fut en butte à la haine redoutable d'Ulysse, pour plusieurs motifs. C'est lui qui découvrit et révéla aux Grecs la folie simulée de ce héros ; lui encore qui, devant Troie, accusa Ulysse de perfidie ou d'imprévoyance, en laissant l'armée manquer de vivres, bien qu'il se fût rendu en Thrace, sous prétexte d'en acheter ; enfin Palamède désapprouvait cette guerre longue et ruineuse menée par la Grèce aux Troyens. Ulysse à son tour l'accusa perfidement de trahison. Pour donner du crédit à son accusation, il fit enfouir une somme considérable dans la tente de Palamède, prétendit qu'il l'avait reçue de Priam, contrefit une lettre

de ce roi, pour en fournir des preuves ; et Palamède, condamné à mort par le conseil de guerre, fut injustement lapidé.

120. Soldat de l'union des cités fédérées par Agamemnon dans le but de prendre la ville de Troie, Thersite, qui était d'une laideur repoussante, s'illustra plus dans les agoras en insultant les puissants que sur le champ de bataille.

121. *Margitès*, poème satirique grec, ainsi appelé du nom du personnage qu'on y tournait en ridicule : il en reste très peu de chose. Ce poème fut attribué à Homère, une thèse invalidée par la présence des vers iambiques mêlés aux hexamètres. Ce n'en était pas moins une œuvre ancienne ; Aristote pensait que le *Margitès* avait été à la comédie ce que l'*Iliade* et l'*Odyssée* furent à la tragédie, c'est-à-dire le prototype des caractères comiques.

122. Sobriquet donné au beau-père de Marc Antoine (Cicéron, *Phil.*).

123. En grec dans le texte.

124. Coroebus, héros troyen.

125. Fils d'Esculape, médecin des Grecs au siège de Troie. Au sens large, médecin.

126. Myrrichos, un Béotien mentionné par Polybe, une réputation de bêtise s'attachant à ce peuple.

127. Sophiste ionien originaire de Julis, dans l'île de Céos, Prodicos est surtout connu par les dialogues de Platon. Socrate, le louant et le ridiculisant à la fois, dépeint Prodicos comme un Tantale frileux, dont, tout omniscient et divin qu'il fût, la voix de basse produisait un bourdonnement rendant ses paroles indistinctes (*Protagoras*, 315 d-e). C'est avec sa voix pourtant qu'il gagna célébrité et richesse, vendant cinquante drachmes sa grande leçon, à Athènes par exemple, où il se rendit souvent en ambassade (*Hippias majeur*, 282 c).

128. Carnéade de Cyrène (219-129 a.C.), l'un des grands philosophes de la Nouvelle Académie et de l'Antiquité.

129. Philosophe grec, Chrysippe joua un rôle capital dans la formation du système stoïcien. De son œuvre immense (705 livres selon Diogène Laërce, *Vies des philosophes*) il ne reste que des fragments, dans lesquels il est souvent difficile de distinguer l'apport de Chrysippe des résumés scolaires de la doctrine stoïcienne.

130. Protagoras (485-420 a.C.) fut un philosophe présocratique et l'un des pédagogues professionnels grecs appelés sophistes par Socrate. Il enseigna une pensée proche de Démocrite qui lui succéda probablement, si l'on se fie à l'âge de ce dernier. Par son ami Périclès, il influença la pensée politique d'Athènes. Ses idées sur la rhétorique et le droit suscitèrent le *système adversaire*, dans lequel on amenait un étudiant à débattre pour les deux parties en guise d'entraînement en droit.

131. Philosophe et rhéteur (Ve-IVe siècle a.C.), présocratique, appartenant à la première génération de sophistes.

132. Hippias d'Élis (Ve siècle a.C.), sophiste, contemporain de Socrate.

133. Jean Pic de la Mirandole, célèbre par sa science et sa précocité, né en 1463, est le troisième fils de Jean François, seigneur de la Mirandole et de Concordia. Dès l'âge de dix ans, il se plaça au premier rang des orateurs et des poètes de son temps. Abandonnant à ses frères le gouvernement des fiefs qui lui étaient dévolus, il se voua tout entier à l'étude et parcourut pendant sept ans les plus célèbres universités de l'Italie et de la France, étudiant toutes les sciences connues de son temps, même la cabale pour laquelle il conçut une folle passion. Il se rendit à Rome en 1486, et déclara, à l'âge de vingt-trois ans, qu'il y soutiendrait une thèse *De omni re scibili*; il publia dans ce but une liste de neuf cents propositions, mais eut bientôt à se repentir de cet audacieux défi: treize d'entre elles furent reconnues entachées d'hérésie et condamnées comme telles par Innocent VIII. II renonça dès lors aux succès mondains et, après s'être réfugié en France, il alla vivre dans la retraite à Florence, ne s'appliquant qu'à l'étude de la religion et de la philosophie platonicienne. Il mourut en 1494, à peine âgé de trente et un ans. De lui subsistent entre autres écrits: *Conclusiones philosophicae, cabalisticae et theologicae*, 1486 (à savoir les neuf cents propositions en question); *Apologia J. Pici Miranduli*, 1489 (il essaie d'y défendre les propositions censurées); *Disputationes adversus astrologiam divinatricem*, 1499; *Epistolae*, 1499. Ses œuvres furent réunies à Bologne, 1496; à Venise, 1498, etc. Sa *Vie* fut racontée en tête de ses œuvres par son neveu J. François Pic de la Mirandole.

134. Auteur peu connu, Tiberio Russiliano Sesto (fin XVe s.-début XVIe s.) fut un élève d'Agostino Nifo. Il entendit Pomponazzi à Bologne en 1518, deux auteurs chers à Naudé, ce dernier étant l'un des rares érudits à s'intéresser à Tiberio. Il acheta en Italie le précieux *Apologeticus adversus cucullatos pro quadringentis quaestionibus disputatis* (1519), brûlé sur ordre de l'Inquisition. Voir les études de P. Zambelli, *Une réincarnation de Jean Pic à l'époque de Pomponazzi: les thèses magiques et hérétiques d'un aristotélicien oublié, Tiberio Russiliano Sesto Calabrese (1519)*, Mainz, Akademie der Wiss. u. d. Literatur; Wiesbaden, Steiner, 1977; *Una reincarnazione di Pico ai tempi di Pomponazzi, con l'edizione critica di Tiberio Russiliano Sesto Calabrese «Apologeticus adversus cucullatos» (1519)*, Milano, Il Polifilio, 1994.

135. Giacomo Mazzoni (1548-1598), philosophe italien.

136. Humaniste (1534-1575).

137. Juriste italien (1474-1515).

138. Ascanio Persio (1554-1610), professeur de grec au Studio de Bologne de 1586 à sa mort.

139. James Crichton, homme de lettres écossais surnommé « l'Admirable », célèbre pour sa vie pleine de panache. Né en 1560 dans le comté de Perth, il mourut à Mantoue en 1583. Enfant précoce brillant, il fut connu dès l'âge de quatorze pour son savoir dans tous les domaines, son éloquence et sa mémoire prodigieuse. Dans des joutes oratoires publiques où il se proposait de traiter en improvisant n'importe quel sujet, il suscitait l'admiration des Italiens à Rome, Venise, Padoue et Mantoue. Voir P. Fraser Tytler, *Life of James Crichton*, Edinburgh, J. Ballantyne, 1819 ; W. Harrison Ainsworth, *Crichton*, New York, Harper, 1837.

140. Jean Édouard Du Monin, poète français de la Renaissance (1557-1586).

141. Homme d'État athénien, grand adversaire de Philippe II de Macédoine, un des grands orateurs attiques.

142. Horace, *Épîtres*, 1, 2, 64-65.

143. Empereur romain (161-180) et philosophe stoïcien.

144. Horace, *Épîtres*, 1, 2, 65-67.

145. En grec dans le texte.

146. *Odyssée*, 22, 347, à propos de Phémios.

147. Philosophe grec (VIe-Ve siècle).

148. Biographe et moraliste grec (46-125).

149. Poète et humaniste italien (1304-1374).

150. Pierre de la Ramée, dit Petrus Ramus (1515-1572). Né d'une famille trop pauvre pour lui donner une éducation, Ramus fut d'abord employé par son père à faire paître les troupeaux. Mais un violent désir d'apprendre le poussa à s'enfuir à huit ans pour Paris, où l'attendait la misère. Un deuxième voyage fut tout aussi malheureux. Un de ses oncles décida alors de payer quelques mois sa pension dans une école, et Ramus, pour continuer ses études, devint domestique au Collège de Navarre, où, passant ses nuits à l'étude, il fit de rapides progrès en langues et littératures anciennes. Il fut déçu par la supercherie de ce qu'on appelle « science » et, lorsqu'il dut soutenir son examen de maître ès arts, il se proposa de démontrer qu'Aristote n'était pas infaillible. Contre toute attente, son argumentation fort brillante obtint un triomphe complet. Encouragé par ce premier succès, il décida d'examiner à fond la doctrine et publia deux ouvrages critiques sur Aristote, qui semèrent dans l'école un grand trouble. Ramus dut comparaître sous l'accusation d'impiété, mais il l'emporta. Toutefois, ayant refusé de se plier à toutes les conditions des juges, il fut, par un arrêt du roi, déclaré téméraire, arrogant et impudent. Ses ouvrages furent supprimés, et il lui fut interdit d'enseigner et d'écrire contre Aristote sous peine de punition corporelle. Il se reconvertit dans les mathématiques, puis enseigna la rhétorique au Collège de Presles

avec un immense succès, ce qui lui valut d'être nommé en 1551, par le roi, professeur de philosophie et d'éloquence au Collège de France, où son enseignement acquit une notoriété européenne. Il s'y occupa d'introduire quelques améliorations dans l'enseignement, publia de nouvelles grammaires et présenta en 1562 à Charles IX un plan pour la réforme de l'Université. Il se convertit à la religion réformée, ce qui lui valut, après de nombreuses persécutions, d'être assassiné au cours du massacre de la Saint-Barthélémy. Par son intrépidité critique et son exemple, il contribua largement au progrès des Lumières. Par sa méthode de classement des disciplines selon un ordre logique, il annonçait déjà la pensée de René Descartes.

151. Marc-Antoine Muret (1526-1585), humaniste français.

152. Visionnaire et philologue né à Dolerie (Manche) en 1510, mort à Paris en 1581. D'une famille très pauvre, il apprit seul le grec, l'hébreu et l'arabe ; Marguerite de Valois décida François Ier à l'envoyer en Orient pour chercher des manuscrits, et à son retour il fut nommé professeur au Collège de France (1539). Cependant l'idée lui était venue de travailler à la conversion des musulmans en répandant chez eux une traduction arabe du *Nouveau Testament* : on préparerait ainsi l'union de tous les humains sous la monarchie universelle, qui devait appartenir au roi de France. G. Postel se rendit à Rome pour exposer ses vues à Ignace de Loyola, mais après un long noviciat on refusa de le recevoir dans la Compagnie de Jésus. À Venise (1547) il connut une visionnaire, la mère Jeanne, qui se disait envoyée par le Saint-Esprit pour régénérer l'humanité ; il crut en elle et se fit dès lors l'apôtre de la nouvelle rédemption. Après un deuxième voyage en Orient, il mena une vie plus que jamais vagabonde et misérable. On le vit successivement en Italie, en France, en Suisse, en Autriche, où il devint professeur à l'université de Vienne, puis à Venise et à Rome, où il connut les prisons de l'Inquisition. De retour à Paris vers 1562, il fut enfermé au monastère de Saint-Martin des Champs, mais selon une retraite paisible, où il passa ses derniers jours. G. Postel fut considéré au XVIe siècle comme un grand orientaliste ; François Vatable, Pierre Danès, Ferdinand Widmandstadt, Andreas Masius, Conrad Pellican eurent de la considération pour lui ; brillant professeur, il attirait une véritable foule à ses cours. Mais le plus grand service qu'il rendit aux langues orientales est d'apporter en Europe des manuscrits importants, par exemple des œuvres d'Abufelda, de Jean Damascène, et un manuscrit qui permit d'éditer à Vienne, en 1555, le *Nouveau Testament syriaque.* Il offre, comme Paracelse et Cornelius Agrippa, un singulier mélange de science et de folie ; ses rêveries sur la future union de tous les humains et leur régénération par la mère Jeanne sont exposées dans une langue si obscure qu'elles restent incompréhensibles. Il fut avec Sébastien Castellion l'un des premiers théologiens à recommander la tolérance. G. Postel publia quantité d'ouvrages ; le catalogue en fut dressé par F.-J. Desbillons. Son livre *De orbis terrae concordia* contient d'intéressants détails sur la conversion des infidèles. Le seul traité de lui ayant conservé une valeur historique est le livre *De la République des Turcs* (1540 ; 2e édition, plus étendue, en 1560) ; il y montre les Turcs, sous Soliman le Magnifique, supérieurs aux chrétiens d'Occident par les mœurs et le respect de la justice.

153. Jacques Cujas (1520-1590), jurisconsulte français.

154. Humaniste italien, Francesco Filelfo (1398-1481) fut un brillant professeur d'éloquence et de philosophie à Bologne, à Florence, à Sienne et à Rome.

155. Tragique grec (480-406).

156. Fleuve italien.

157. Ovide, *Tristes*, 4, 1, 5-8.

158. Homme politique romain (95-46).

159. Valère Maxime ou Valerius Maximus (né à la fin du Ier siècle a.C.). Admis à la cour de l'empereur Tibère, il composa *Factorum dictorumque memorabilium libri IX*, un recueil d'anecdotes en neuf livres, sans doute extraites des historiens grecs et romains.

160. Sénat de Rome.

161. Père de l'Église (185-254).

162. Adrien Turnèbe (1512-1565), poète humaniste français.

163. Ville italienne, chef-lieu de la région d'Émilie-Romagne.

164. Bartolus de Saxoferrato (1314 ?-1357), juriste ayant enseigné successivement à Pise et à Pérouse, spécialiste du droit romain.

165. Humaniste néerlandais (1548-1617), pseudonyme Claudius Musambertius. Naturalisé français en 1598, il fut nommé en 1602 professeur de langue latine au Collège de France.

166. Le Collège du Plessis est un collège de l'ancienne Université de Paris. Il fut créé par Geoffroy du Plessis rue Saint-Jacques en 1322. Richelieu transféra son administration au Collège de Sorbonne en 1642.

167. En grec dans le texte.

168. Chèvre qui allaita Zeus enfant. Ovide en fait une naïade à laquelle Zeus est confié. Elle prend soin du jeune dieu en le nourrissant grâce au lait d'une chèvre ; mais celle-ci cassa un jour l'une de ses cornes : c'est ainsi que serait née la corne d'abondance.

169. La fête d'Athéna Parthénos, célébrée tous les quatre ans à Athènes, aurait été instituée par Thésée après qu'il eut établi le système démocratique avec ses trois classes de citoyens (nobles, artisans, cultivateurs) et réalisé l'unité de l'Attique autour d'Athènes ; elle devint le symbole de l'unité de l'Attique autour de la ville. Elle com-

portait des concours d'athlétisme, de musique et de chant ; les vainqueurs recevaient les célèbres amphores panathénaïques.

170. Philosophe et rhéteur grec de l'époque des Antonins. Les Panathénées sont mentionnées dans la Dissertation VI « Quelle est la source des sentiments philanthropiques ? » (§ 8).

171. Philosophe grec (384-322).

172. Johann Murmellius, *Opusculum de discipulorum officiis, quod Enchiridion scholasticorum inscribitur* (Cologne, 1505 ; édition moderne, 1892, p. 42).

173. Vertumne, dont l'étymologie renvoie à l'idée de *tourner*, *changer*, fut sans doute un roi d'Étrurie qui, à cause du soin qu'il avait pris des fruits et de la culture des jardins, obtint, après sa mort, les honneurs de la divinité. Ce qu'il y a de certain, c'est que son culte passa de chez les Étrusques à Rome, où on le considérait comme le dieu des jardins et des vergers. Ses attributions différaient de celles de Priape : il veillait surtout à la fécondité de la terre, à la germination des plantes, à leur floraison et à la maturation des fruits. Il avait le privilège de pouvoir changer de forme à son gré, et il eut recours à cet artifice pour se faire aimer de la nymphe Pomone, qu'il choisit pour épouse. Ce couple heureux et immortel vieillit et se rajeunit périodiquement sans jamais mourir. Vertumne donne sa foi à la nymphe et lui garde une inviolable fidélité. Dans cette fable l'allégorie est transparente : il s'agit de l'année et de la succession ininterrompue des saisons. Ovide semble étayer cette présentation de Vertumne, puisqu'il dit que ce dieu prit successivement la figure d'un laboureur, d'un moissonneur, d'un vigneron, enfin d'une vieille femme, désignant ainsi le printemps l'été, l'automne et l'hiver. Vertumne avait un temple à Rome, près du marché aux légumes et aux fruits, dont il était le dieu tutélaire. Il était représenté sous la figure d'un jeune homme avec une couronne d'herbes de différentes espèces, tenant de la main gauche des fruits et de la droite une corne d'abondance.

174. Divinité marine, mentionnée en particulier par Homère comme « Vieillard de la Mer » et gardien des troupeaux de phoques de Poséidon. Il est doté du don de prophétie et du pouvoir de se métamorphoser.

175. L'épigramme 7, 62 de Martial est dirigée « Contre Amillus » : « Amillus, tu laisses les portes ouvertes pour caresser tes mignons de belle taille, et tu veux qu'on te surprenne dans cet exercice, de peur de faire jaser tes affranchis, les esclaves de ta famille et quelque clien dangereux par sa mauvaise langue. »

176. Bibliothèque et centre d'études de l'Alexandrie hellénistique.

177. École philosophique créée par Épicure.

178. Horace, *Art poétique*, 156-157.

179. Claudien, *De consulatu Mallii Theodori Panegyris*, 239-241, des vers entrés dans la tradition proverbiale.

180. Humaniste italien (1483-1552).

181. Scévole de Sainte-Marthe (1536-1623), poète français de la Renaissance.

182. Uberto Foglietta (1518-1581), historien génois.

183. Laurent Pignorio (1571-1630), ami et correspondant de Peiresc.

184. Publius Cornelius Scipion (consul en 218 a.C.), père de Scipion l'Africain.

185. Quintus Fabius (322-290), consul, dictateur et général romain.

186. Homme d'État et stratège athénien (525-460), qui joua un rôle déterminant lors de la seconde guerre médique.

187. Stratège athénien (540-489), vainqueur de la bataille de Marathon.

188. Un des plus grands conquérants de l'histoire (356-323).

189. Général, homme politique et écrivain romain (100-44).

190. En grec dans le texte.

191. Philon d'Alexandrie (12 a.C.-54 p.C.), philosophe juif hellénisé.

192. Conversation, entretien.

193. Néoptolème ou Pyrrhus, fils d'Achille. À comprendre ici au sens métaphorique de novice, apprenti.

194. Les jumeaux Romulus et Rémus sont au centre de la fondation légendaire de Rome.

195. Caton l'Ancien (234-149), homme d'État et écrivain romain.

196. Selon la tradition, cette première fixation par écrit du droit romain aurait été l'œuvre d'une commission de dix membres (décemvirs), chargés d'établir des lois égales pour les plébéiens et les patriciens. Après sa rédaction, l'ensemble de ces lois fut affiché au Forum sur des tables, d'où son nom. Leur texte n'est pas conservé dans sa totalité, mais des citations ou des paraphrases permettent d'en connaître le contenu.

197. Général et homme d'État romain (115-53).

198. Marc Antoine (83-30), homme politique et général romain.

199. Quintus Hortensius Hortalus (114-50), orateur romain, avocat et homme politique.

200. Octave Auguste (63 a.C.-14 p.C.), premier empereur romain.

201. Polygraphe et érudit romain (Ier-IIe siècle p.C.).

202. Historien romain (59 a.C.-17 p.C.).

203. Historien et philosophe romain (55-120).

204. Tertullien (150/160-230/240) naquit et vécut à Carthage, à une époque déterminante pour l'histoire occidentale, à l'articulation exacte de deux mentalités qui s'affrontent encore, mais dont il devait être le premier à tenter la synthèse. Né païen, d'éducation et de formation païennes, cultivé, curieux, inquiet de tempérament, il occupe une place importante dans l'histoire du christianisme, ainsi que dans celle des lettres latines.

205. Vivant à l'époque de l'empereur Dioclétien, Arnobe (mort vers 330 p.C.) se range parmi les apologistes chrétiens. Après avoir longtemps enseigné la rhétorique à Sicca Veneria, en Afrique proconsulaire, il se convertit tardivement au christianisme, vers l'âge de soixante ans. L'évêque dont il dépendait conçut quelques doutes sur la foi de ce nouveau venu ; pour prouver sa sincérité, Arnobe composa un ouvrage en sept livres *Contre les gentils (Adversus nationes)*, paru probablement entre 304 et 312.

206. Sidoine Apollinaire (430-486), homme politique et écrivain gallo-romain.

207. Sénateur romain, l'un des derniers représentants du paganisme romain, qui réclama le retour à l'ancienne religion romaine, en lieu et place du christianisme défendu par Ambroise.

208. Neuvième sultan de l'empire ottoman, auquel la prise de Constantinople en 1453 valut le surnom de « Conquérant ».

209. Humaniste italien (1454-1494), il fut un des hommes les plus érudits de son temps, un élégant poète latin, et un restaurateur de la poésie italienne.

210. Humaniste italien (1405-1457), il est considéré comme le plus ancien représentant de l'esprit critique.

211. Hermolao Barbaro (1454-1493), humaniste italien.

212. Giovanni Pontano (1429-1503), lettré et homme politique italien.

213. Philologue, historien et traducteur, Le Pogge (1380-1459) étudia les lettres latines auprès de Jean de Ravenne et s'initia au grec en écoutant les leçons de Chrysoloras (1350-1415). Secrétaire apostolique sous Boniface IX et sous d'autres papes, il participa

au concile de Constance (1414) et assista au jugement de Jérôme de Prague. Il fut secrétaire de la République de Florence. Il consacra la majeure partie de son activité à exhumer des manuscrits des auteurs de l'Antiquité qu'il rechercha dans diverses contrées de l'Europe.

214. Dans cet ouvrage, Gabriel Naudé livre les linéaments d'une historiographie critique portant sur la valeur du témoignage et l'évaluation de la vraisemblance des différentes explications d'un phénomène. Il souligne l'ambivalence de l'histoire, source d'illusions, donc de mythes, mais susceptible de scientificité. Sa réflexion débouche sur une doctrine de l'action politique annonçant ses *Considérations politiques sur les coups d'État* (1639).

215. Johannes Goropius Becanus (1519-1572), médecin, linguiste et humaniste néerlandais.

216. Marc-Antoine Muret (1526-1585), humaniste, clerc à Rome.

217. Giacomo Antonio Perpignano.

218. Historien romain (Ier siècle p.C.).

219. Pietro Bembo (1470-1547), cardinal et écrivain, issu d'une famille patricienne de Venise. Il se distingua dès sa jeunesse par son esprit, et fit ses études dans les grandes cours d'Italie : à Florence, à Ferrare et à Urbino. Il suivit à Messine l'enseignement de Lascaris et, tout en se consacrant à la poésie et aux soins de sa bibliothèque, embrassa la carrière ecclésiastique. Il jouit de la faveur des princes de Ferrare et d'Urbino, ainsi que de celle du pape Léon X et de ses successeurs. Il fut nommé secrétaire pour les lettres latines de Léon X, lequel lui accorda de riches bénéfices. À la mort du pape, il se retira à Venise, où il devint conservateur de la bibliothèque de Saint-Marc. Paul III le nomma cardinal en 1539. Bembo n'est pas moins célèbre pour sa galanterie que pour son esprit ; avant d'être ordonné, il avait eu plusieurs enfants d'une femme nommée *Morosina*, qu'il célébra dans ses vers.

220. Maffeo Vegio (1406-1458), humaniste, poète et éducateur italien.

221. Trait d'esprit, bon mot.

222. Virgile, *Bucoliques*, 4, 10-11.

223. Père grec de l'Église (185-254).

224. Ludovico Castelvetro (1505-1571), hérétique italien.

225. Francesco Patrizio (1529-1597), philosophe platonicien, homme de lettres, poète, géomètre. Il enseigna la philosophie au Studio de Ferrare, puis à Rome.

226. Jacopo Mazzoni.

227. Antonio Minturno (1500-1574), humaniste et poète latin.

228. Daniel Heinsius (1580-1665), humaniste hollandais.

229. Isaac Casaubon (1559-1614), humaniste et érudit protestant.

230. Tarquinio Galluzzi (1574-1649), humaniste.

231. Marco Girolamo Vida (1485-1566), humaniste, poète et réformateur.

232. Poète latin d'origine espagnole (39-65).

233. Enea Silvio Piccolomini (1405-1464), humaniste et écrivain italien.

234. Poète satirique latin (Ier-IIe siècle).

235. Poète satirique latin (34-62).

236. Auteur comique latin (254-184).

237. Auteur comique latin (184-159).

238. Poète latin d'origine espagnole (40-104), réputé pour ses *Épigrammes*.

239. Poète latin (43 a.C.-17 p.C.).

240. Poète romain élégiaque (54-19).

241. Poète latin (47-15).

242. Poète latin (87-54).

243. Cicéron, *De Oratore*, 2, 36.

244. Les Chaldéens habitaient au sud-ouest de Babylone. C'est un ancien peuple nomade du nord de l'Assyrie et de l'Arménie.

245. Annio da Viterbo (1432-1502), érudit et historien italien.

246. Bérose fut un prêtre chaldéen, astronome et historien du IIIe siècle a.C. Annio de Viterbe publia en 1498 une histoire en cinq livres sous le nom de Bérose ; mais la nature apocryphe de cet écrit fut rapidement reconnue.

247. Philosophe alexandrin (Ve siècle), auteur supposé d'un traité sur les hiéroglyphes.

248. Philosophe néoplatonicien (250-325).

249. Celio Calcagninus (1479-1541) fut un érudit réputé de Ferrare. Affilié à la cour des Este, il enseigna aussi à l'université de la ville et entretint des rapports cordiaux avec L'Arioste. Parmi ses nombreux travaux, ses intérêts antiquaires le poussèrent vers l'égyptologie. Ses œuvres furent réunies après sa mort : *Opera aliquot... ab Antonio Musa Brasavolo edita*, Basileae, Per H. Frobenium, 1544 ; on y trouve un *De rebus Ægyptiacis*.

250. Claude Le Menestrier, antiquaire français (l'emblématiste Claude-François Ménestrier est son petit-neveu, 1631-1705), né à Vauconcourt (près de Jussey), mort à Rome en 1639. Considérant son goût pour les antiquités, le cardinal Francesco Barberini lui accorda sa protection, et le nomma bibliothécaire de sa collection. Il entretint des rapports suivis avec Girolamo Aleandro (1574-1629), autre antiquaire attaché à Barberini, et avec les frères Pierre-François et Philippe Chifflet (1592-1682 ; 1597-1663).

251. Cardinal de l'Église catholique romaine (1597-1679), neveu du pape Urbain VIII.

252. À côté de nombreuses œuvres latines d'érudition juridique, Barnabé Brisson (1531-1591), annotateur de Tite-Live, fut l'auteur d'un copieux livre sur la Perse auquel fait référence G. Naudé : *De regio Persarum principatu, Libri tres*, Parisiis, E typographia Steph. Prevosteau, Vaeneunt exempla apud Robertum Columbellum, 1590 (rééd. 1595, 1599, 1710). G. Naudé fait également allusion à l'assassinat de cet homme de loi exemplaire, par la Sainte Ligue, voir É. Barnavi, R. Descimon, *La Sainte Ligue, le juge et la potence*, Paris, Hachette, 1985.

253. Historien romain du IIIe siècle.

254. Philosophe et philologue latin (IVe-Ve siècle).

255. Fabuliste latin (15 a.C.-50 p.C.).

256. Héros de la mythologie grecque, fondateur du mouvement appelé orphisme.

257. Poète épique grec (VIIIe siècle a.C.).

258. Héraclide du Pont (IVe siècle a.C.), philosophe de l'Académie, élève de Speusippe et de Platon. Son hypothèse sur le système solaire prolonge des recherches pythagoriciennes et annonce les découvertes d'Aristarque et de Copernic.

259. Philosophe néoplatonicien du IIIe siècle.

260. Philosophe néoplatonicien (412-485).

261. Épouse d'Ulysse. Le nom est employé ici dans une acception figurée.

262. Poète et doxographe grec (IIIe siècle).

263. Apologiste chrétien, mort à Trèves vers 323. La date de sa naissance est inconnue ; on sait seulement qu'il mourut très vieux. Quant au lieu, on a déduit de son surnom (Firmianus) qu'il était né à Formium en Italie ; mais le nom de plusieurs localités d'Afrique peut être pareillement adapté à la composition de ce mot. Il reçut en tout cas son éducation en Afrique. On dit aussi qu'il y suivit les leçons d'Arnobe. Cette affirmation, qui n'est fondée sur aucun indice précis, semble contredite par une vraisemblance résultant du fait que Lactance, qui mentionne Minucius Felix, Tertullien et Cyprien, ne parle pas d'Arnobe. Il était encore païen, lorsque Dioclétien, qui avait remarqué un de ses écrits, le *Symposium*, recueil d'énigmes en vers, destinées à égayer les repas, l'appela comme professeur de rhétorique à Nicomédie, dont il avait fait sa capitale. Comme le latin n'était pas en honneur dans cette ville, restée grecque, Lactance y trouva peu d'élèves. Il composa des livres pour vivre et vécut pauvrement. L'austérité de ses mœurs le porta vers le christianisme. La constance des chrétiens devant leurs persécuteurs le décida à embrasser leur religion ; il entreprit d'en réfuter les adversaires et d'en exposer la doctrine. Vers 313, Constantin lui confia l'éducation de Crispus, le fils aîné qui devait mourir tragiquement. Eusèbe écrit qu'à la cour Lactance resta pauvre.

264. En grec dans le texte.

265. Sebastian Fox Morcillo (1528-1560), érudit espagnol, qui fut le précepteur du fils de Philippe II. Il est l'auteur de divers ouvrages relatifs à l'apprentissage des humanités : *De Imitatione seu De informandi styli ratione*, Antuerpiae, Excudebat M. Nutius, 1554 ; *De Regni regisque institutione*, Antuerpiae, Apud G. Spelmannum, 1556 ; *De Demonstratione ejusque necessitate ac vi, liber I. De Usu et exercitatione dialecticae, liber I. De Iuventute, lib. I. De Honore, lib. I*, Basileae, Per J. Oporinum, 1556.

266. Pedro Juan Nuñez (1522-1602) professeur de grec, de rhétorique et de grammaire aux universités de Valence, Saragosse, Barcelone, Lérida et Tarragone. Parmi les ouvrages que Núñez consacra aux humanités, G. Naudé renvoie sans doute au *De Studio philosophico*, Lugduni Batavorum, 1621 (qui contient le *De Philosophici studii ratione* de Fox Morcillo). Núñez écrivit aussi : *Alphabetum Graecum a Pedro Joanne Nunnessio Valentino collectum*, Barcinonae, Ex officina P. Mali, 1575 ; *Grammatistica linguae Graecae, auctore P. Joh. Nunnesio*, Barcinone, Ex tip. J. Cendrat, 1589 ; *Institutionum rhetoricarum libri quinque*, Barcinone, Ex typ. S. a Cormellas, 1593 ; *Peripateticae philosophiae institutio, seu De recte conficiendo curriculo peripateticae philosophiae deque docentis ac discentis officio consilium*, Helmestadii, Typis J. Mulleri, 1677. On se reportera à Pilar Barbeito Díez, *Pedro Juan Núñez, humanista valenciano*, Valencia, Biblioteca Valenciana, 2000 ; « Impresos de Pedro Juan Núñez : estudio bibliográfico », *Cuadernos de filología clásica, estudios latinos*, 18, 2000, pp. 335-386.

267. Girolamo Ruscelli (1500 ?-1566), polygraphe et aventurier italien.

268. Pierre Abélard (XIIe siècle), théologien et philosophe français.

269. Opération par laquelle, du rapport de deux termes avec un même troisième appelé moyen terme, on conclut à leur rapport mutuel.

270. Empereur romain (42 a.C.-37 p.C.) de la dynastie des Flaviens, surnommé « les délices du genre humain ».

271. Thersite, fils d'Agrios, est un guerrier achéen de la guerre de Troie. Homère le décrit comme le guerrier le plus laid de l'armée grecque : il est en outre insolent, menteur et railleur. Ulysse le fit bastonner, et Achille, exaspéré, le tua parce qu'il voulut violer le cadavre de Penthésilée. Après quoi, pour se purifier, Achille fit le pèlerinage de Lesbos.

272. Roi d'Argos et de Mycènes, héros de la guerre de Troie.

273. Inachos, fondateur semi-légendaire du royaume d'Argos, était, selon l'opinion vulgaire, originaire de Phénicie. Après avoir séjourné quelque temps en Égypte, il vint, à la tête d'une troupe de pasteurs phéniciens, égyptiens et arabes, s'établir dans la partie du Péloponnèse nommée ensuite Argolide et y régna pendant soixante ans. La mythologie lui donne pour père l'Océan (sans doute parce qu'il était arrivé par mer).

274. Gabriele de Zerbis (1445-1505), médecin et philosophe italien (aussi appelé Gabriele Zerbi ou Gabriello Zerbus). Il est l'auteur du premier ouvrage sur la gériatrie et sur l'éthique médicale.

275. Pascasius Grosippus, pseudonyme de Gaspar Scioppius.

276. Horace, *Épîtres*, 1, 17, 33-34.

277. Écrivain et naturaliste romain (23-79 p.C.).

278. Empereur romain (9-79).

279. Ville de Sicile.

280. Peuple antique de la côte adriatique parlant une langue indo-européenne.

281. Volcan italien, bordant la baie de Naples.

282. Écrivain et savant romain (116-27).

283. Sénateur romain (IVe-Ve siècle), contemporain d'Ambroise de Milan.

284. Ville italienne de la province des Marches.

285. Ville italienne de la province des Marches.

286. Ville italienne de la province de Cosenza en Calabre.

287. Ville italienne de la province de Terni en Ombrie.

288. Ancienne province des États pontificaux, le long de l'Adriatique, au sud de la légation d'Urbino, aujourd'hui à la province d'Ancône, en Italie.

289. Le Comtat Venaissin ou Comtat (en occitan provençal : *lo Comtat Venaicin / la Comtat* selon la norme classique ou *lou Coumtat Venessin / la Coumtat* selon la norme mistralienne) est une partie du département de Vaucluse, entre Rhône, Mont Ventoux et Durance, comprenant les villes de Cavaillon, Carpentras, Vaison-la-Romaine.

290. Louvain, siège historique de la plus vieille université de Belgique, fondée en 1425.

291. Le jardin des Hespérides est situé à la limite occidentale du monde antique (probablement à l'emplacement actuel de la région située entre Tanger et Larache au Maroc). Héra leur avait donné pour tâche de veiller sur les Pommes d'or qu'elle leur avait confiées, et leur avait adjoint l'aide du dragon Ladon.

292. Héros de la guerre de Troie.

293. Spectre d'un mort revenant tourmenter les vivants.

294. Raymond Lulle (1235-1315), philosophe, alchimiste, poète, mystique et missionnaire catalan du XIIIe siècle.

295. Partisans de la doctrine d'Aristote.

296. Zénon de Citium (335-264), philosophe, fondateur du stoïcisme.

297. Vatinius est le nom d'une *gens* romaine, porté notamment par un protégé de Jules César.

298. Personnage de l'*Iliade.*

299. Poème ou strophe où les initiales de chaque vers, lues dans le sens vertical, composent un nom ou un mot-clef.

300. Croix à branches égales en forme de X : ici rimes croisées ou disposition croisée de mots.

301. Qui a la forme ou le mouvement d'un serpent qui rampe.

302. Se dit d'un vers dont les hémistiches riment ensemble.

303. Empereur romain (42 a.C.-37 p.C.).

304. Épouse de Priam, roi de Troie, mère de cinquante fils.

305. La première mention des Sirènes dans la littérature se trouve chez Homère, au chant XII de l'*Odyssée* : Ulysse se fait attacher au grand mât de son navire pour écouter le chant des sirènes, pendant que ses compagnons rament, les oreilles bouchées par la cire.

306. Héros grec de la guerre de Troie.

307. Roi de Ségeste (Sicile), il secourt Priam pendant la guerre de Troie, accueille Énée et fait ensevelir Anchise sur le mont Éryx. Virgile le célèbre au chant V de l'*Énéide*.

308. Lucius Junius Brutus, fondateur légendaire de la République romaine. La légende raconte qu'un jour un serpent sortit inexplicablement de l'un des piliers du palais, si bien que Brutus accompagna deux des fils de Tarquin, Titus et Arruns, à Delphes, afin de consulter l'oracle sur ce prodige.

309. Poète lyrique grec (550-464).

310. Guillaume Budé (1468-1540), helléniste et humaniste français.

311. Humaniste français (1516-1572).

312. Proverbe usité dans la tradition scolaire (Walther, *Proverbia sententiaeque Latinitatis Medii aevi*, 6614).

313. Virgile, *Énéide*, 9, 435-436.

314. Aristophane de Byzance (257-180), grammairien et critique grec.

315. Trait noir en forme de broche servant à signaler un passage interpolé sur les manuscrits anciens.

316. Signe en forme d'étoile qui indique un renvoi ou auquel on attribue un sens convenu.

317. Horace, *Épîtres*, 1, 6, 15-16.

318. Poète gnomique grec (VIe siècle).

319. Philosophe et astronome grec.

320. Poète gnomique grec (VIe siècle).

321. Caton (234-149), défenseur acharné des traditions romaines ; il s'opposa à ceux qui tentent d'introduire la mode de l'hellénisme à Rome. Le recueil de proverbes qui lui est attribué et reflète des préoccupations didactico-moralisatrices remonte en réalité au IIIe siècle p.C.

322. Curio est un *cognomen* romain, porté notamment par C. Scribonius Curio, tribun en 50 a.C.

323. Philosophe et historien grec (430-355).

324. Être fabuleux, moitié homme et moitié cheval.

325. Monstre marin.

326. Philosophe grec présocratique (460-371).

327. Philosophe et médecin grec (Ve siècle a.C.).

328. Mathématicien, philosophe et astronome grec (580-490).

329. Bernardino Telesio (1509-1588), philosophe et naturaliste italien.

330. Tommaso Campanella (1568-1639), moine dominicain et philosophe italien, avec lequel G. Naudé fut en relation.

331. Antonio Basso (1605-1648), poète lyrique et juriste.

332. Pierre Gassendi (1592-1655), philosophe et savant français.

333. Juvénal, *Satires* 15, 6.

334. Protée, *Proteus* (personnage de la mythologie grecque et romaine), dieu marin, fils de Poséidon ou de l'Océan et de Téthys, avait la garde des troupeaux de son père. Il savait l'avenir, mais ne le révélait que par force et prenait toutes sortes de formes pour échapper à ceux qui le pressaient de questions (*Géorgiques*, 4). On a vu dans cette fable l'image de la nature, à laquelle il faut faire violence pour lui arracher ses secrets.

335. En grec dans le texte.

336. Auteur latin chrétien (IIIe siècle).

337. Arnobe, *Contre les gentils*, 1, 57, 3-4.

338. En grec dans le texte.

339. Historien grec (482-425).

340. Historien et chroniqueur grec (90-30).

341. Personnage de l'*Aululaire* de Plaute.

342. Déesse d'origine phrygienne, représentant la Mère des dieux.

343. Montagne de Phrygie, à la frontière de la Carie et de la Lydie, où Cybèle était née et avait un temple : la déesse reçut le surnom de Bérécynthie.

344. Les trois termes désignent des pratiques divinatoires, respectivement liées à l'âne, au coq (ou autre oiseau) et aux mots.

345. L'*ars notaria* ou *ars dictaminis*, technique rédactionnelle ou de notation répandue au Moyen Âge, aujourd'hui appelée sténographie.

346. Le philosophe et alchimiste Raymond Lulle imagina un système de roues pivotantes.

347. Giulio Camillo (1479-1550), de Daminium (ville de Dalmatie), d'où son surnom Delminio. Professeur à Bologne, amateur de cabale et auteur d'un livre célèbre sur l'art de la mémoire, conçu sur le modèle d'un amphithéâtre : *L'Idea del theatro*, Firenza, Stamp. appresso L. Torrentino, 1550 ; trad. française par E. Cantavenera et B. Schefer, Paris, Allia, 2001.

348. Représentation du monde.

349. Pierre Grégoire (1540-1617), jurisconsulte français, auteur de *Syntaxes artis mirabilis in libros septem digestae* (1578), une encyclopédie des sciences, où la magie et la démonologie ont leur place à côté de l'astrologie et des mathématiques. On a vu en Grégoire un continuateur de Raymond Lulle.

350. Peuple thrace d'origine indo-européenne installé sur le pourtour de la mer d'Azov avant de déferler aux VIIIe et VIIe siècles sur le Moyen-Orient et l'Asie Mineure.

351. Fondateur de la Moyenne Académie, il énonça le premier les démonstrations par les contradictions, tenta de discuter du pour et du contre, fit prévaloir le dialogue platonicien, et pratiqua constamment la controverse par demandes et réponses : il rivalisa en cela avec Crantor. Il était le dernier-né de quatre enfants, dont deux du côté de la mère et deux du côté du père. L'aîné des premiers était Pylade ; l'aîné des seconds, qui servait de tuteur à Arcésilas, s'appelait Mœré. Il fut d'abord disciple du mathématicien Antolychos, son compatriote, avant de venir à Athènes. Il se rendit à Sardes avec lui. Puis il fut élève du musicien Xanthos, un Athénien ; après quoi il suivit les leçons de Théophraste. Ensuite, il alla à l'Académie, auprès de Crantor. Mœré le poussa vers la rhétorique, mais il s'intéressa davantage à la philosophie.

352. Théologien dominicain et docteur de l'Église (1227-1274).

353. John Duns Scot (1266 ?-1308), théologien et philosophe irlandais, fondateur de l'école scolastique, dite scotiste.

354. Médecin grec de l'époque de Périclès.

355. Paracelse (1493-1541), chimiste et médecin suisse.

356. Astronome et astrologue grec (Ier-IIe siècle).

357. Tycho Brahe (1546-1601), astronome danois.

358. Ami du Tasse, Lelio Capilupi (1497-1560) fut un poète de Mantoue, auteur de centons virgiliens : *Cento ex Virgilio de vita monarchorum* (Venise, 1543). Lettré et mathématicien, Giulio Capilupi (v. 1544-fin XVIe s.) est le fils naturel du frère de Lelio, Ippolito Capilupi (1511-1580) ; il est lui aussi l'auteur de centons virgiliens (*Julii Capilupi Cento ex Virgilio in diem coronationis Greg. XIV*, Romae, Ex typ. V. Accolti, 1591). G. Naudé fait sans doute référence au volume publié par Heinrich Meibom (1555-1625) dans lequel figurent conjointement les centons d'Ausone et des Capilupi : *Virgilio-centones auctorum notae optimae, antiquorum et recentium, Probae Falconiae... Ausonii... Laelii Capilupi... Julii Capilupi... Opera et studio Henrici Meibomii... Accesserunt ejusdem Meibomii centones aliquot...*, Helmaestadii, Excudebat J. Lucius, 1597-1600). Les poèmes de Lelio et Giulio sont également publiés ensemble dans les *Virgilio-centones Probae Falconiae Hortinae, Laelii, Julii Capiluporum, et aliorum quorumdam recogniti et purgati...*, Coloniae Agrippinae, Sumptibus B. Gualtheri, 1601.

359. And. Mestrali, *Δίαυλοι ad Regem*, Avenione, I. Bramereau, 1623 : recueil d'anagrammes ou de vers rétrogrades.

360. Raban Maur, élève d'Alcuin à Tours, écolâtre, puis chancelier en 812, et abbé (de 822 à 842) de la grande abbaye bénédictine de Fulda, enfin archevêque de Mayence de 847 à sa mort. Ami de Lothaire, attaché à l'idée impériale, il est l'un des grands noms de la renaissance carolingienne (surnommé le « précepteur de la Germanie ») : missionnaire, il installa des paroisses et des fondations dans les contrées récemment évangélisées par saint Boniface.

361. Publius Optatianus Porfyrius, poète latin du IVe siècle p.C.

362. Ce passage contient plusieurs *fit* que l'on pourrait être tenté de lire comme *sit* (et *vice versa*). Le texte transcrit présente divers cas problématiques de ce type, où le tracé typographique ancien du *f/s* latin est fauteur d'ambiguïté, sans que la syntaxe permette toujours de trancher. Le sens même de *fit* fait problème. Cette remarque est évidemment incongrue mais mérite formulation.

363. Horace, *Épîtres*, 1, 10, 26-29.

364. Remerciements cordiaux à Sébastien Galland pour son avis éclairé sur quelques passages obscurs où sa compétence de latiniste me fut précieuse.

365. Que soient ici chaleureusement remerciés les conservateurs de la Bibliothèque nationale de France et de la bibliothèque de l'École normale supérieure (Paris), ainsi que le responsable de cette entreprise collective, Frédéric Gabriel, pour m'avoir apporté leur secours dans l'élucidation de certains termes et noms difficiles à identifier dans le texte de G. Naudé.

HUMANISME ET MODERNITÉ

Pascale Hummel

« Le XVIe siècle finissait d'hier quand Naudé naquit. On se figure difficilement ce que devait paraître cette féconde et forte époque aux yeux de ceux qui en sortaient, qui en héritaient, et pour qui elle était véritablement le dernier et grand siècle. », écrit Sainte-Beuve dans le portrait qu'il dresse de Gabriel Naudé en 1843[1].

Issu d'une famille modeste, Gabriel Naudé (1600-1653) n'avait pas *a priori* vocation à se faire le chantre des formes les plus nobles de l'éducation. Sa famille appartenait à la petite bourgeoisie parisienne : l'entourage était composé de détenteurs d'offices très modestes, de marchands et d'artisans. Gilles Naudé, son père, fut simple huissier au bureau des finances de Paris ; sa mère, Marguerite Descamin, ne savait ni écrire ni signer ; plusieurs sœurs, qui se marièrent dans la petite bourgeoisie, et plusieurs frères grevaient lourdement un patrimoine médiocre. Le jeune homme reçut l'appui de Gabriel de Guénégaud, conseiller du Roi et receveur de ses finances à Soissons, plus tard trésorier de l'Épargne, qui, le soir même de sa naissance, le 3 février 1600, l'avait tenu sur les fonts baptismaux, en la paroisse de Saint-Médéric. Mais il lui fallut encore, à l'âge de vingt-quatre ans, pour mener à bonne fin sa préparation intellectuelle, accepter, d'une cousine germaine et de son mari, le don de la cinquième portion de leurs droits sur une maison de campagne, une vigne et un petit jardin.

Ses parents néanmoins lui procurèrent une excellente instruction. Il apprit le rudiment chez des religieux, la grammaire et les humanités au Collège du Cardinal-Lemoine. Quant à sa rhétorique, il

1 *Gabriel Naudé*, Paris, Paris-Zanzibar, 1999 (1843 ; 1999, p. 20), paru pour la première fois dans la *Revue des Deux-Mondes* du 1er décembre 1843 et recueilli dans les *Portraits littéraires* augmenté de deux notes en 1844, d'une dernière en 1862 et d'un appendice en 1852.

la fit pendant l'année scolaire 1615-1616, sous la conduite éclairée de Claude Belurgey, au célèbre Collège de Navarre. Il eut pour professeur, en classe de seconde, Émeric Crucé, politique et pacifiste, apôtre d'un libéralisme tolérant ; mais il était trop jeune alors pour comprendre l'originalité philosophique de ce dernier : il se rappelait surtout de lui ses commentaires d'Horace, ses manies d'orthographe latine, ses distiques railleurs, ou ses étymologies bouffonnes. Son régent de rhétorique au contraire, Claude Belurgey, exerça sur lui une influence notable : il ne le forma pas seulement à la géographie et à l'histoire, à la poésie grecque et à l'art de disputer, mais l'initia aussi au libertinage. Pour Gabriel Naudé, C. Belurgey était à la fois Socrate et Thersite. L'adolescent l'écoutait dans sa chaire magistrale ; il le rejoignait aussi dans sa cellule encombrée de livres ; il recevait ses confidences, chaleureuses ou ironiques ; il l'entretenait de matières qui ne ressortissaient pas directement à l'énumération des figures de style ou à l'explication des poètes latins ; il entendait de sa bouche des impiétés. Pierre Padet fut ensuite son professeur de logique à Harcourt, et le même régent, ou peut-être Jean-Cécile Frey, à Montaigu, le guida parmi les arcanes de la métaphysique. Maître ès arts *satis mature* (très probablement pendant l'été 1618), il ne s'en tint pas à ce titre, mais passa encore une année au Collège de Clermont. Ce n'est qu'en 1620 que, vétéran des classes littéraires, confirmé dans un savoir d'humaniste, substantiel et sûr, il entreprit ses études de médecine. Elles ne l'occupèrent pas tout entier : il y joignit, à partir de 1622 environ, les fonctions de bibliothécaire du président de Mesmes ; il les interrompit aussi pour un voyage à Padoue. Lorsqu'au mois de juin 1628, il se décida à prendre sa licence, il avait déjà parcouru un champ considérable de connaissances et tâté des disciplines les plus diverses. En 1618, il réassujettit lui-même sa chaîne : c'est le moment où les Jésuites, naguère chassés de Paris, après l'assassinat de Henri IV, obtenaient l'autorisation de rouvrir leur collège de Clermont et confiaient leurs deux chaires de rhétorique au Père Petau et au Père Caussin : l'un, érudit pugnace, auquel son humeur âcre non moins que sa science historique et théologique devaient valoir le surnom de « Saumaise catholique » ; l'autre, futur auteur d'une *Cour sainte* qui allait l'acheminer à la dignité de confesseur du Roi. G. Naudé voulut les entendre tous les deux, en auditeur libre, mais doublement asservi. Le bon élève déçu quitta peut-être cet établissement avec une gravité dédaigneuse : les professeurs n'étaient plus assez sérieux pour lui. Se rattrapant dans le silence de l'étude où il pouvait s'abandonner à son appétit intellectuel, il transcrivit les autographes de Jean Passerat, ainsi que le *Traité des magistrats français*, que le docte Jean Grangier, professeur royal d'éloquence et principal au Collège de Beauvais, dictait à ceux de ses écoliers qui n'avaient pas la pétulance d'un Cyrano de Bergerac ; il transcrivit aussi la *Géographie* de Jean-Cécile Frey, son *Horographie*, et des dissertations philosophiques en grec ; ainsi que la *Politique* et les *Météores* d'Aristote, un traité des *Oracles* et un autre des *Sibylles*, la *Sagesse* de Jérôme Cardan, qu'il se flattait de connaître, et tout ce qui touchait à la vie de son auteur, à ses livres, à ses opinions de médecine, de morale et de philosophie, de mathématiques, d'histoire, de politique ou de philologie.

Collectionneur de peu de ressources, il se constitua, sans autre dépense que celle de la chandelle et du papier, une bibliothèque de manuscrits ; zélé sectateur de l'humanisme, il s'ouvrit aux ambitions démesurées d'un savoir encyclopédique ; érudit en herbe, il fit provision de textes et de gloses, de citations et de références.

Entre les piles d'in-folio, devant les registres reliés en parchemin, G. Naudé gardait de la bonhomie et une sage malice. Ce dévot auditeur des cours de l'Université en était aussi l'espiègle gazetier : à ses anciens condisciples, à Fuzelet, qui avait été son Euryale ou son Pylade et désormais moissonnait les lauriers parmi les juristes d'Orléans, à Jacques Jouvin, qui prenait ses premiers degrés de médecine et avec qui il avait mêlé bien des folâtreries à de savants propos, il narrait les incidents variés de la vie des collèges, en raillant, comme il se doit, les travers des professeurs : les irrévérences de maître Roland dans la chaire de rhétorique des Grassins, la délicatesse du Père Monod abandonnant, à la saison des brumes, sa lecture de physique à Clermont pour le séjour de la campagne, et l'indolence de tous les régents peu empressés de rejoindre leur poste. Souvent banal par recherche excessive d'une élégance artificielle, le latin de l'écolier, au moment de décrire ces petits tableaux, prenait animation et couleur : il dévoile la vivacité d'un esprit qui, s'entretenant dans le badinage et s'exerçant à l'ironie, gardait intacte, sous sa carapace de connaissances, toute sa souplesse.

Le goût de l'érudition nourrissait chez lui, sans l'émousser, l'intelligence créatrice ; ainsi, parmi le fatras des commentaires et dans le chaos des contradictions, il aiguisa son esprit critique. Il se défiait d'une science qui ne fût pas unie à la sagesse. En toutes choses, il aimait le clair, le raisonnable, le positif ; et il sut le montrer lorsqu'il lui fallut choisir une carrière. Ses parents lui conseillèrent d'entrer dans le clergé : il refusa, préférant aux subtilités de la théologie les occupations de la médecine, plus proches du réel. Les études médicales elles-mêmes purent développer cette inclination : si routinières qu'elles fussent à Paris, où G. Naudé étudia d'abord sous la direction de René Moreau – humaniste, bibliophile et futur professeur royal –, et où il s'imprégna de la pensée des Riolan, elles fondaient leur hostilité aux innovations sur la défiance à l'égard de l'inconnu, de l'inexplicable du miraculeux. En adoptant les doctrines et les habitudes de la Faculté parisienne, G. Naudé eut l'impression de pourvoir son esprit d'une méthode très sûre, sans lui imposer d'œillères. Dans un manuscrit d'*Institutiones medicae*, il exprime la conviction qu'en matière de philosophie et de médecine, tradition et raison ne s'excluent pas, et c'est par une exacte critique qu'il croit pouvoir confirmer, contre les fraudes des novateurs, la sagesse des Anciens. Lorsqu'il eut à louer le passé et l'esprit de la Faculté, le culte de la circonspection et du bon sens s'unit en lui à la reconnaissance, pour lui inspirer une rigoureuse censure des chimistes, paracelsistes et hermétistes, et l'éloge des vieilles disciplines, capables à son gré de scruter profondément les causes cachées des phénomènes, de saisir toute la variété de la nature et d'en pénétrer l'ordre. Voilà quel était, au seuil de la carrière de savant, le jeune Gabriel Naudé : un adolescent disert, corrigeant par un cicéronianisme affecté le barbare jargon latin des joutes scolaires ; un érudit précoce, entassant les souvenirs dans sa mémoire et les livres sur ses rayons ; en même temps, un esprit éveillé, déjà railleur, soucieux de dominer son savoir et de le subordonner à des idées, plein de défiance à l'égard des obscurités prétentieuses, ennemi de la pénombre et du mystère : un type original et pittoresque d'humaniste parisien, capable d'enthousiasme, mais auquel l'on n'en impose pas, vigilant, caustique, ardent à apprendre, plus lent à croire, prompt à douter.

À l'origine de sa pensée, de ses recherches personnelles et de ses réflexions figurent les noms de Michel de Montaigne et de Pierre Charron. C'est à ces deux nourriciers de sa méditation qu'il doit les premiers linéaments de sa philosophie : une sorte de scepticisme méthodique, de doute provisoire, sur lequel il commença à étayer un rationalisme prudent, mais persévérant et décidé. La méfiance est grande à l'égard des faits étranges que l'ignorance croit constater, que l'imagination grossit et que la crédulité répand ; l'hostilité est réelle contre les explications qui recourent à l'inconnaissable pour rendre compte de l'inconnu ; l'ironie est constante à l'égard des prétendus mystères des Rose-Croix ; le mépris porte sur la sottise qui impute à la magie les actions extraordinaires des grands hommes ou la clairvoyance de leurs pensées ; d'une manière plus générale, le dédain est grand à l'égard du vulgaire, joint à la haine des opinions communes et des préjugés se fondant sur l'antiquité des croyances ou sur leur nouveauté : voilà ce dont son esprit était plein et qui y bouillonnait sans cesse. Sa préoccupation principale restait, comme celle de ses devanciers nourris de pyrrhonisme, de relever les contradictions, les absurdités, les invraisemblances et les impostures chez les historiens et les philosophes.

Cette liberté ne le conduisit pas à professer, en matière de philosophie, des goûts modernes : bien au contraire. Seuls de tous les inventeurs de systèmes, T. Campanella et F. Bacon trouvent grâce à ses yeux : le premier, d'ailleurs, comme politique peut-être autant que philosophe ; le second, parce qu'il apportait moins des idées théoriques qu'une méthode pour évincer l'erreur et promouvoir la connaissance. Plutôt que de faire confiance aux autres, G. Naudé préfère s'en rapporter aux maîtres qui formèrent son esprit, à Pierre Padet, ainsi qu'à Jean-Cécile Frey. Comment faire sa part respectivement au scepticisme et à l'aristotélisme ? Comment concilier l'indépendance libertine et le souci de la sécurité ? G. Naudé ne s'y essaie qu'au hasard, empiriquement, et dans les compromis dont il doit se contenter le sel de sa pensée manque parfois de perdre sa saveur.

Ses études le jetèrent sur les routes d'Europe, que sillonnaient alors de nombreux étudiants et érudits en quête d'une science en plein bouillonnement et renouvellement. Il séjourna à Padoue en 1626-1627 pour y étudier la médecine, et il retourna en Italie pour y rester pendant onze ans, entre 1631 et 1642, dans l'entourage du cardinal Gianfrancesco Guidi di Bagno. Le séjour à Padoue le conduisit dans la capitale de l'aristotélisme antichrétien et dans celle du libertinage prudent. Il partit à la fin de l'été 1626 et regagna la France vers le mois de juin 1627. Il reprit ses fonctions chez le président de Mesmes, paya, dans son *Advis pour dresser une Bibliotheque*, son tribut à la renommée du magistrat, s'attela même pour lui à une *Bibliotheca Memmiana*, qui devait sans doute comprendre, avec le catalogue de la collection, une étude historique sur la librairie et le livre qu'il n'eut pas le temps d'achever. Ses études médicales, reprises sans retard, le tirèrent d'affaire ; elles lui procurèrent une occasion, qu'il saisit hardiment, de faire connaître son nom, d'acquérir plus largement l'audience des doctes, et de se signaler aux esprits dignes du sien.

Ses premières semaines à Paris furent marquées par un déchaînement fougueux de ses passions philosophiques et livresques. Tout son voyage, d'ailleurs, l'avait annoncé : à Sienne, à Florence, à Gênes, d'actives recherches dans les librairies, qu'il mettait sens dessus dessous pour savoir ce qu'elles contenaient ; à Lyon, où il s'était arrêté plusieurs jours, et où il avait fait la connaissance de Balthasar de Monconys, des investigations analogues, avec des déceptions irritant son ardeur. Une *Ode* de D. Berti en l'honneur d'Anne-Marie de Schurman (1607-1678), le traité de Tommaso Campanella *De libris propriis et certa ratione studendi*, celui de Léonard Arétin *De studiis et literis*, une traduction de sa propre *Bibliographia politica* trouvèrent preneurs. Il s'occupa des *Dialogues* de G. V. Rossi, et d'une dissertation de Girolamo Rorario *Quod animalia bruta ratione utantur.* Il courut aussi chez les doctes, à l'hôtel De Thou, où il découvrit le cabinet plus peuplé que jamais, au couvent des Minimes de la Place royale, où il vit Marin Mersenne et le Père François de la Noue. Il reprit contact avec François Le Métel de Boisrobert ou ses familiers ; il rencontra les Pères Petau et Sirmond et fit connaissance avec Gilles Ménage.

Les bibliothèques l'attiraient. Auteur de l'*Advis pour dresser une bibliothèque* (1627), où il plaidait pour l'ouverture des bibliothèques au public, bibliothécaire de hauts personnages, à savoir le président du Parlement de Paris Henri II de Mesmes, les cardinaux di Bagno et Barberini (neveu du pape) en Italie, le cardinal Mazarin en France et la reine Christine de Suède, G. Naudé mérita le surnom de « bibliothèque vivante » par l'étendue de sa science bibliographique : l'érudit s'acquit de vastes connaissances grâce à ses fonctions de bibliothécaire, mais également en se constituant une bibliothèque personnelle d'une richesse assez exceptionnelle pour une personne de sa condition. Le manuscrit du *Catalogue des livres qui sont en l'estude de G. Naudé, à Paris* date vraisemblablement des années 1642-1644. L'éventail des auteurs recensés est large : les livres couvrent toute la tradition philosophique, avec de nombreux textes de philosophie de la nature, relevant soit de la tradition aristotélicienne, soit des nouveaux courants apportés par les philosophes de la Renaissance ou par les novateurs comme Francis Bacon et Pierre Gassendi. Même si G. Naudé voit dans la tradition aristotélicienne un modèle de naturalisme scientifique, il emploie la philosophie italienne de la Renaissance comme un instrument heuristique, critique et empirique, pour intervenir dans le débat politique et religieux. Gabriel Naudé n'est pas seulement un trait d'union nécessaire entre la Renaissance italienne et les Lumières : il est surtout directement influencé par le naturalisme des philosophes italiens de la Renaissance. On trouve aussi chez lui une prédisposition au scepticisme, qui agit parallèlement à son penchant empiriste et naturaliste. Le *Syntagma de studio liberali* (1632, 2e édition 1633), où il expose sa propre idée de la philosophie, reflète une position théorique influencée par le naturalisme et l'éclectisme. Sainte-Beuve, avec le sens de la formule qui est le sien, écrit : « Naudé appartient essentiellement à cette race de sceptiques et académiques d'alors, dont on ne sait s'ils sont plus doctes ou plus penseurs, étudiant tout, doutant de tout entre eux, que Descartes est venu ruiner en établissant d'autorité une philosophie spiritualiste, croyante dans une certaine mesure, et capable de supporter le grand jour devant la religion. »[2]

Lorsqu'il entra au service du cardinal di Bagno en 1630, sans doute grâce à la recommandation des Dupuy[3], Gabriel Naudé était à la fois encore étroitement lié au milieu médical parisien et admis depuis quelques années au sein des cercles érudits de la capitale. Comme il l'écrit dans la préface de la *Bibliographia*

2 P. 23 (Sainte-Beuve, *Gabriel Naudé*, 1843 ; 1999).

3 Le recueil de *Lettres de Gabriel Naudé à Jacques Dupuy (1632-1652)* (édition critique, introduction et notes, par Ph. Wolfe, Edmonton, Alta Press, 1982) contient deux allusions au *Syntagma de studio liberali* (1632), mentionné dans la lettre 1 (13 novembre 1632) et la lettre 2 (18 mars 1633).

politica de 1633, son amour des livres remonte à son plus jeune âge, et ses fonctions de bibliothécaire chez le Président Henri II de Mesmes, qui possède l'une des plus prestigieuses collections de livres imprimés et manuscrits de la capitale, l'amènent à acquérir de solides compétences bibliographiques. Cet emploi lui permet aussi de rencontrer certains érudits de la capitale, lors des « conférences de livres » de l'hôtel de Mesmes, rue de Jouy, ou aux réunions des Augustins organisées par l'archevêque de Rouen, Mgr Nicolas de Harlay. À Paris, il bénéficie d'un réseau de relations capables de l'aider dans ses recherches, de lui communiquer des documents, ou de lui faciliter l'accès à certaines bibliothèques.

D'un point de vue quantitatif, la bibliothèque de G. Naudé est considérable. L'omniprésence du latin, plus des trois quarts des éditions inventoriées, reflète bien son statut de langue véhiculaire de l'Europe savante, ce qui ne surprend nullement dans la collection d'un érudit. Les éditions latines comprennent évidemment les classiques, quantitativement peu nombreux toutefois, essentiellement en littérature et surtout en poésie. Outre Cicéron et Sénèque, les auteurs les plus présents sont Horace, Virgile, Ovide, mais aussi Pétrone, Martial, Juvénal et Perse, ce qui correspond bien aux abondantes citations latines présentes dans les propres œuvres de G. Naudé. Les auteurs médiévaux sont un peu plus nombreux, surtout en philosophie et en théologie. La grande majorité des éditions latines, plus des trois quarts, revient aux nombreux humanistes, médecins et érudits du XVIIe siècle et surtout du XVIe siècle. Les traductions représentent une petite partie, environ un dixième, des éditions latines : il s'agit surtout de traductions de classiques grecs ou d'auteurs byzantins, que G. Naudé ne possède pas toujours dans la langue originale, mais elles embrassent aussi les langues orientales, hébreu et arabe, pour des ouvrages de médecine et de philosophie. Les traductions de langues vivantes se limitent à quelques volumes traduits du français ou de l'italien, que G. Naudé connaît pourtant, pour des traités scientifiques ou moraux, ou des œuvres littéraires. La présence discrète du grec est assez surprenante : elle ne tient pas à la rareté des auteurs grecs et byzantins ; leur poids est important notamment en médecine, en sciences et en philosophie, grâce à l'omniprésence d'Hippocrate, de Galien et d'Aristote, tandis qu'ils se montrent plus discrets en littérature ou en théologie. Parmi les langues vivantes, le français est le mieux représenté ; l'italien occupe une place plus réduite mais non négligeable. Le voyage d'Italie jouit du même prestige qu'au siècle précédent auprès des érudits français, et l'italien est une langue de culture, que G. Naudé pratiqua lors de son séjour à l'université de Padoue en 1626-1627. La répartition linguistique des ouvrages acquis par G. Naudé suggère une certaine fidélité au modèle de la bibliothèque humaniste, ne serait-ce que par la prééminence des langues anciennes.

Les ouvrages de médecine forment la part de choix dans la bibliothèque de G. Naudé. Comme Hippocrate et Galien en médecine, Aristote reste l'autorité en philosophie. À Paris, la Sorbonne ne reconnaît que l'aristotélisme scolastique, interprété par Albert le Grand et Thomas d'Aquin. Le séjour de Naudé à l'université de Padoue le colore d'un éclairage différent, car Aristote y est interprété à la lumière d'Averroès ou d'Alexandre d'Aphrodisias, mais là aussi ses deux maîtres, Fortunio Liceti et Cesare Cremonini, restent fidèles à Aristote. La bibliothèque personnelle de G. Naudé traduit naturellement cette imprégnation aristotélicienne : outre les trois traités zoologiques déjà cités, il rassembla éditions et commentaires d'Aristote, en accueillant commentateurs antiques ou modernes, scolastiques ou padouans. La *Politique* d'Aristote est particulièrement admirée par l'érudit. Lorenzo Bianchi[4] définit la pensée de G. Naudé comme une sorte d'éclectisme naturaliste, pragmatique et antidogmatique, où, à l'inverse du platonisme, l'aristotélisme semble garant d'un certain rationalisme, où est perceptible aussi l'influence du scepticisme de M. de Montaigne et

4 *Rinascimento e libertinismo. Studi su Gabriel Naudé*, Napoli, Bibliopolis, 1996.

de P. Charron, du stoïcisme de Juste Lipse et du naturalisme des philosophes italiens de la Renaissance, où, enfin, la lecture de N. Machiavel s'accompagne de l'adhésion à la monarchie absolue. Si le scepticisme imprègne les premières œuvres de G. Naudé, le rationalisme critique définit l'ensemble de sa démarche, où se mêlent relativisme et pyrrhonisme, empirisme et antidogmatisme. La pratique historiographique de G. Naudé est indissociable de la conception qu'il se fait de la politique ; cette proximité tient à l'existence d'une relation réciproque et nécessaire entre politique et histoire. L'intérêt de G. Naudé pour la politique ne se dément jamais, du *Marfore* de 1620, s'inquiétant des libelles écrits contre le duc de Luynes, alors favori de Louis XIII, jusqu'au *Mascurat* de 1649, qui prend la défense de Mazarin. Concilier l'attachement à la doctrine du Lycée avec le sentiment de sa décadence, doser le rationalisme et le scepticisme, tel est le souci, déjà sensible en quelques pages antérieures à 1626, qui domine les œuvres de Gabriel Naudé de 1626 à 1632, et dont la trace apparaît encore chez lui jusqu'en 1637. G. Naudé ne préconise pas l'ignorance : il s'applique à fixer, non d'une manière occasionnelle, à savoir pour un problème particulier, mais en général, les voies et les moyens d'une connaissance qui ne soit pas illusoire ; c'est là l'objet principal du *Syntagma de studio liberali*[5], qui par l'intention est un traité de pédagogie, et, dans le fond, la somme des réflexions de son auteur sur l'art de chercher la vérité, son « Discours de la méthode » en quelque sorte, rédigé par un érudit dont la science ressortit à des domaines variés.

Le *Syntagma de studio liberali* (titre complet : *Gabrielis Naudaei Parisini. Syntagma de studio liberali. Ad illustrissimum Adolescentem Fabricium ex Comitibus Guidiis à Balneo. Nicolai March. Montisbelli F.*)

5 Le traité est jugé d'une manière assez homogène par les biographes et les historiographes de Naudé (en vertu, de toute évidence, d'un certain psittacisme, qui peut suggérer que tous ne l'ont pas lu) : Niceron, « *Naudé* y donne de fort bons preceptes sur la maniere d'étudier. » (p. 86) ; *Nouvelle biographie générale*, 37, « bon traité des études » (col. 516).

paraît une première fois à Urbino (Urbini, Apud Mazzantinum, & Aloysium Ghisonum, 1632 ; 84 pages in-4° & trois pages de dédidace non paginées). La deuxième édition date de 1633 : Rimini in-8° ; suit une réimpression à Amsterdam (1645, in-12°)[6]. Le texte figure dans un recueil de plusieurs opuscules relatifs à l'éducation *De studiis instituendis*. Une copie manuscrite est conservée à la Bibliotheca Apostolica Vaticana (Vat. Lat. 7100, ff. 1-615v). Les affirmations conclusives du *Syntagma* proposent un projet philosophique qui, recourant à la raison d'une manière sceptique et pragmatique, aboutit à une sorte d'éclectisme naturaliste, qui réunit Aristote et les stoïciens, Platon et Épicure. Le rapport étroit de G. Naudé avec la pensée de la Renaissance le différencie des autres figures du libertinage érudit et rapproche plutôt l'érudit parisien du *Theophrastus redivivus*, où le naturalisme de la Renaissance est une donnée essentielle et centrale.

L'idéal d'un être pensant, remarque Gabriel Naudé, est de posséder une *bona mens* (un esprit bien fait). Or de nombreux adversaires menacent celui qui essaie de l'acquérir : à savoir le pédantisme, tourné en ridicule par Michel de Montaigne et par Pierre Charron, par George Buchanan et Palingenius (*i. e.* Pier Angelo Manzolli) ; la vaine scolastique des commentateurs ; la multitude des préjugés vulgaires et des fausses opinions du peuple ; la naïveté, que l'on contracte à la fréquentation de Platon ou des Stoïciens, des rêveurs ou des utopistes ; la crédulité, qui ajoute foi aux fables des poètes, ou aux impostures des magiciens, astrologues, cabalistes, prêcheurs de mémoire artificielle, lullistes, encyclopédistes, alchimistes et faiseurs de prophéties ; la servilité à l'égard des chefs d'école ou l'opiniâtreté à soutenir les opinions une fois admises. Comment triompher de tant d'ennemis, dépasser les notions communes que chacun peut avoir,

6 Dans cette première édition, le poème de Michalorio (en latin) se trouve au début, et les deux autres (en italien) se trouvent dans les pages finales non paginées.

et s'élever à la pleine liberté de l'intelligence, jugeant du vrai et du faux d'après les normes équitables de la raison ?

Comment y parvenir ? La réponse est multiple. Premier principe : se persuader que la vérité gît au fond d'un puits, qu'elle n'est encore jamais apparue aux yeux des hommes, et que ceux qui se vantent de la posséder sont des trompeurs dont il importe de dépister les ruses. Deuxième principe : comprendre que rien en ce monde n'est stable, que les arts, les royaumes, les sciences, les sectes, les cieux, les terres et les mers dansent une ronde perpétuelle, qu'il ne faut donc rien admettre comme définitif, mais sans cesse corriger, réviser, avec la souple imperturbabilité de l'esprit, qui se sait seul stable au milieu du déroulement des choses. Troisième principe : savoir que presque tout, dans le récit des origines, est légendaire et mensonger ; que la fable empoisonne les traditions anciennes ; qu'antiquité est loin d'équivaloir authenticité ; qu'il ne faut s'avancer parmi les narrations qu'avec une constante précaution, comme au milieu d'un réseau de toiles d'araignée. Quatrième principe : reconnaître que, dans l'ordre de l'esprit comme dans celui des corps, toutes choses tendent à dépasser leur état naturel, à produire des excroissances, des bouffissures malsaines, et que, de même que l'on purge les humeurs ou retranche un abcès, il importe de vider les sciences de leurs excès purulents. Cinquième principe : garder l'esprit indépendant, exempt des contraintes de l'opinion ou de la passion comme de celles de l'autorité ; emprunter à tous les maîtres sans se lier à aucun ; et, au lieu de s'asservir à Aristote ou à Platon, à saint Thomas ou à Duns Scot, à Hippocrate ou à Paracelse, à Ptolémée ou à Tycho Brahe, rester le juge et l'arbitre qui se prononce sans rien consulter que son libre vouloir. En définitive, se former une âme héroïque et dédaigneuse, intrépide dans l'exploration, clairvoyante dans le débat, qui ne se confie ni à la multitude ignare ni aux pronostiqueurs, dont il existe peu de vrais, ni aux astrologues, qui ne réussissent que par hasard, ni aux alchimistes menteurs, ni à la renommée elle-même, aussi fidèle messagère du faux que du vrai, mais à la seule Raison, mère d'évidence et de constance. Il entre de l'intelligence, de l'originalité, une curieuse variété de points de vue, et une certaine ampleur même dans ce programme. G. Naudé ne semble pas se rendre compte de ce qui y subsiste d'imprécis ou d'approximatif. Il manque à ses préceptes, pour qu'ils puissent vraiment instaurer une méthode, une définition de la raison, ou un critère de la vérité permettant de distinguer de son abus l'emploi fructueux du raisonnement. G. Naudé semble échouer à dépasser son expérience individuelle et à offrir des fondements valables pour tous à ce rationalisme tempéré, limité aux faits les plus clairs et les plus immédiatement intelligibles, dans lequel maintenant se fixer. Entre ses préoccupations historiques et ses interrogations philosophiques, il a déjà habilement jeté les bases d'une philosophie de l'histoire, fondée principalement sur l'histoire de la philosophie. Dès lors, il trouve un compromis entre ses tendances contraires au scepticisme et au dogmatisme, et sans se rendre compte de l'arbitraire de son attitude, il trace cette voie moyenne dans l'exact prolongement de ses travaux antérieurs : il achève ainsi de justifier à ses propres yeux son rationalisme critique. Les affinités de Gabriel Naudé avec la tradition sceptique, représentée notamment par Michel de Montaigne et Pierre Charron, sont indubitables : Sainte-Beuve déjà souligne l'attitude sceptique de l'érudit parisien en situant G. Naudé entre Montaigne et Pierre Bayle, en l'appelant un sceptique moraliste sous le masque d'un érudit.

Le Moyen Âge voit l'essentiel de l'enseignement dans une culture logique. Aux XIIIe et XIVe siècles, les deux exercices fondamentaux sont, d'une part, l'*expositio* : le maître commente un texte, en priorité les œuvres d'Aristote et particulièrement ses traités de logique ; d'autre part, la *disputatio* : le livre étudié devient l'occasion d'instituer une discussion ; le maître choisit une proposition de l'auteur et examine tous les arguments en sa faveur. Un tel enseignement se soucie peu de la forme et de l'élégance : il s'agit de dissocier les arguments, d'en bien faire ressortir les articulations, de définir et de classer rigoureusement. La grammaire se rattache de près à la logique : on cherche à retrouver dans les catégories grammaticales les différentes structures de la pensée, les éléments sur lesquels s'édifient la proposition et le raisonnement. Quant aux autres matières, elles ne jouent qu'un rôle secondaire. Le latin assume la fonction d'une langue supranationale.

La Renaissance repose avant tout, on le sait, sur une redécouverte de l'Antiquité dans sa beauté formelle, et la répercussion sur l'enseignement est capitale. Lorsque le XVIe siècle donne comme pivot à l'enseignement de comprendre les langues anciennes, de les parler dans leur pureté, de lire les écrivains antiques et de les imiter, on perçoit, en même temps qu'un amour fervent pour les chefs-d'œuvre littéraires et artistiques, une volonté de ne plus aborder certains problèmes difficiles, de ne plus se laisser tenter par l'ambition d'encyclopédisme. Ce fait engendre peu à peu un bouleversement profond dans l'éducation : au premier plan désormais l'impression ressentie face à un texte dans la perfection de sa forme, le mouvement de son style ; il s'agit pour l'élève de s'en inspirer le mieux possible le jour où il doit, à son tour, rédiger. L'objectif est d'expliquer les orateurs, les poètes, les historiens de l'Antiquité, avant tout Cicéron à cause d'une certaine perfection aisée de son style et aussi parce que le contenu de sa pensée peut devenir l'objet d'imitations scolaires. La grammaire occupe une place essentielle dans l'enseignement, mais ses ambitions sont beaucoup plus limitées : non pas découvrir les lois de la pensée, mais tout simplement comprendre la construction des phrases et se rendre capable d'en composer. On cherche dans le latin une langue littéraire parfaite, immuable, pure, une langue d'écrivains, la langue de l'éloquence et de la poésie, à laquelle il apparaîtrait sacrilège de rien modifier ; la perfection du langage et du style semble maintenant contenir les valeurs éducatives.

Le XVIe siècle institue l'enseignement de littérature et de d'éloquence dont l'épanouissement est constant au siècle de Louis XIV. À partir de la Renaissance, la formation du style exige un grand nombre d'exercices écrits. Pour cette raison, le travail devient plus réglé, plus minutieux et plus scolaire. La rhétorique est presque ignorée dans les écoles médiévales, où elle ne figure que parmi les leçons « extraordinaires », et partant secondaires, des universités. Au mieux, sous l'influence italienne, elle apparaît, à Paris et dans les écoles mages méridionales, aux dernières années du XVe siècle, sous la forme d'un modeste art d'écrire les lettres, *ars dictaminis*. Par une véritable révolution, elle supplanta en quelques années la dialectique, qui régnait de façon souveraine depuis des siècles, et s'imposa comme l'art par excellence. Désormais, tout devait s'ordonner à cette perfection d'éloquence.

Si tous les humanistes s'accordent sur le but, former chez l'écolier la faculté de discourir, l'art de développer une idée, de parler et d'écrire, ils sont très inégalement dotés de sens pédagogique. Beaucoup n'ont aucun souci de l'ordre dans lequel il convient d'enseigner les lettres à des adolescents : ils brouillent et confondent tout. Il en résulte dans l'esprit des élèves une confusion que dénoncent, avec Jean Sturm, Claude Baduel et les jésuites. Les uns et les autres s'appliquent à y remédier en établissant ordre et progression à l'instar de l'Université de Paris, du *modus Parisiensis*. Trois années jettent des solides bases de grammaire ; une quatrième année, la classe de poésie ou d'humanités, prépare ensuite les matériaux nécessaires pour la rhétorique : langue élégante, vocabulaire de choix, première étude de la composition. La rhétorique couronne la formation littéraire : son objectif propre est de former à la parfaite éloquence latine, *ad perfectam eloquentiam informare*, qui comprend, avant tout, l'art oratoire, secondairement l'art poétique. Pour enseigner ces règles, on se met à l'école des Anciens. Pour les maîtres jésuites, comme pour Érasme et les humanistes de son temps, l'éloquence ne consiste pas seulement à bien discourir et bien écrire ; c'est encore tout un bagage de connaissances positives, d'ordre littéraire, historique, géographique, etc., l'assimilation d'idées morales générales ; bref, une *eruditio* : c'est la *cognitio rerum*, autant que la *cognitio verborum*. Si la période 1600-1660 se caractérise globalement par sa fidélité au *Ratio*, à partir de 1633 on observe, à travers les remarques des supérieurs majeurs, en maints lieux, en particulier des provinces méridionales, les premiers signes d'une certaine désaffection à l'endroit de la *Tulliana dictio*. Une rhétorique française s'ébauche à l'ombre des cours de rhétorique latine. La rhétorique fut pour la France d'Ancien Régime, comme elle l'avait été dans l'Antiquité grecque et romaine, un système de valeurs formelles qui, inculqué à beaucoup par l'éducation des collèges, traça une commune mesure, un dénominateur commun entre les esprits.

De même que la pédagogie du XVIIe siècle postule qu'en vivant au milieu des grands exemples mythiques de l'Antiquité on se prépare au mieux, pour plus tard, à la juste morale nécessaire dans les différentes circonstances de la vie, de même c'est en faisant parler les héros grandioses de la littérature et de l'histoire que l'on s'exerce à exposer éloquemment ses problèmes et ses affaires, et à entraîner l'auditeur à son avis. Avec l'éducation des enfants de France, et tout particulièrement celle du dauphin, la pédagogie prend en charge la politique. L'« Institution du prince » est d'abord un genre littéraire ayant son modèle dans l'*Éthique à Nicomaque*, et où se risquent au XVIe siècle, parmi d'autres, Érasme, G. Budé et É. Pasquier. Les plans d'éducation ainsi dessinés sont l'occasion de profiler ce que serait la cité idéale gouvernée par un roi pieux, instruit et vertueux. L'éducation du dauphin est donc l'objet de soins nombreux au XVIIe siècle. L'éducation de la jeune noblesse au XVIIe siècle est sujette à une double pression : d'une part, le modèle des collèges envahit entièrement le champ pédagogique ; de l'autre, la formation du deuxième ordre du royaume préoccupe les hommes au pouvoir. L'ignorance des hommes de cour est partout dénoncée dans la première moitié du XVIIe siècle.

Les termes « Lettres » et « littéraire », abondamment employés dans le traité de Gabriel Naudé ici traduit, furent longtemps à entendre dans le sens très large attaché à partir du XVe siècle à l'expression *litterae humaniores*, les « lettres qui rendent plus humain » et recouvrent tous les domaines de la « littérature » antique préservée par l'écrit. Pour éditer correctement, commenter avec compétence, publier et traduire cet ensemble de textes classiques qui transmettaient à l'Europe moderne l'expérience et le savoir de la Méditerranée antique, il fallait que toute une communauté transnationale collaborât, acceptât des règles et une discipline de l'esprit communes, tout en coopérant par le moyen de voyages, de rencontres, et d'échanges de correspondance. Cette communauté d'érudits et de philologues fonctionna à l'échelle européenne dès la fin du xve siècle ; elle prit un essor exceptionnel au siècle dit des Lumières, préservant ainsi un tissu conjonctif de solidarité et de continuité. La République européenne des lettres, dès ses origines italiennes, ne s'enferme pas dans les hautes études érudites et scientifiques. Comme le suggère Eugenio Garin, sa préoccupation majeure est moins d'extraire de l'antique fonds gréco-latin la souche d'un nouveau savoir que celle d'un nouvel art de vivre en société, privé et public. De l'expérience de l'Antiquité transmise par les textes, les citoyens de cette république lettrée ont tiré en priorité les principes d'une éducation des jeunes gens, de la formation de leur esprit, de leurs mœurs et de leurs manières, en vue de faire d'eux moins des savants que des honnêtes gens. Le type d'homme qu'ils s'efforcent de favoriser, noble par l'esprit, la parole et l'aisance dans la conduite plutôt que par le rang, la naissance ou la fortune, harmonieusement développé dans toutes ses virtualités plutôt que prématurément spécialisé, doit se montrer capable de rendre la société contemporaine plus civile, plus apte au commerce des idées divergentes, plus réceptive à l'intelligence, à la douceur et à la beauté que cela n'avait été le cas dans l'Europe traditionnellement cloisonnée entre clercs ayant seuls le privilège des lettres et des laïcs illettrés ou peu lettrés. Les textes classiques de la *paideia* grecque (le mot figure dans le texte de G. Naudé) et de l'*institutio oratoria* romaine servent de base à une méthode d'éducation moderne de l'honnête homme civilisé, dont les traits sont communs aux nobles d'épée, aux ecclésiastiques, aux magistrats, aux marchands, aux artistes, aux diplomates, aux savants de toutes nations et confessions ayant reçu cette éducation libérale et libératrice. Les humanistes italiens du XVe siècle furent les premiers à rompre avec les systèmes d'éducation spécialisés à l'usage exclusif des clercs ou des chevaliers ; ils ont esquissé et perfectionné, dans leurs écoles privées ou par leur préceptorat, une pédagogie de la parole et du dialogue impliquant des habitudes morales, des manières sociales et des références communes. Comme le Latin Quintilien, les éducateurs humanistes, les catholiques Érasme et Ignace de Loyola, aussi bien que les protestants Philippe Mélanchthon et Jean Sturm firent appel au jeu théâtral, au chant, à l'étude des arts du dessin, autant qu'à la mémorisation, à la déclamation et à l'imitation créative des beaux et grands textes, pour faire passer leurs élèves de la nature rude à une civilité adoucie et ouverte. Au siècle suivant, les traités de B. Castiglione, de G. Della Casa, de S. Guazzo, dont les traductions nombreuses paraissent dans toutes les langues européennes, visent à peaufiner auprès des adultes l'éducation nouvelle et libérale que les humanistes ont conçue pour les enfants et les adolescents : ils forgent un principe universel de bonne conduite en société, le sens du *kairos* grec et de la *convenientia* latine.

Une unanimité européenne s'élabore au cours du XVIe siècle sur la meilleure éducation des enfants et des adolescents. Dans les collèges jésuites, comme dans les institutions d'éducation protestantes, on forme des honnêtes gens, dont les habitudes morales et sociales se ressemblent. Les dialogues de Platon, les traités moraux de Cicéron et de Sénèque, l'*Institution oratoire* de Quintilien sont la corne d'abondance d'où jaillissent les chefs-d'œuvre aussi bien que les manuels modestes qui apprirent à l'Europe à être européenne, c'est-à-dire, selon la rhétorique de l'époque, civilisée, « plus humaine » *(humanior)*, préférant l'amitié et l'amour à la haine et à la vengeance, la diplomatie à la confrontation violente, la persuasion à la contrainte et à la force, la douceur à la morgue, la réciprocité à l'égoïsme, l'élégance à la vulgarité, la quête méthodique de la vérité à son affirmation tranchée. Aucun texte ne fut plus fertile que l'*Institutio* de Quintilien, qui fait entrer dans l'éducation de l'honnête homme, l'*orator*, non seulement la grammaire, l'art de persuader et l'art de bien écrire acquis selon les meilleurs modèles.

En tant que cadre européen de l'échange savant, la République des lettres promeut conjointement une meilleure connaissance des paradigmes anciens du savoir et la mise en place des nouveaux. Le caractère dialogique, voire éristique, du travail philologique tel qu'il est compris dans la République des lettres est particulièrement net dans les éditions savantes : on voit apparaître les « lieux » importants repérés dans tel ou tel texte, et les éditeurs successifs se répondent les uns aux autres. La réalité et l'idéal de la République des lettres créent, de la fin du XVe siècle à celle du XVIIIe siècle, de la Renaissance aux Lumières, un espace où la *varietas* des savoirs, les échanges et les métamorphoses sont la règle. On rompt ainsi avec l'*universitas* comme lieu exclusif et séparé du savoir : à cet égard, le caractère profondément mondain de cet espace savant n'est pas le moins frappant de ceux qui font l'identité de la République des lettres. Espace infini et indéfini, la République des lettres est partout, et ce d'autant plus qu'un savant est en mesure de faire l'expérience de cette immensité dans la solitude d'un lieu aussi clos et resserré qu'une bibliothèque : au milieu de ses livres, il pouvait, selon Naudé, « s'appeler à bon droit cosmopolite ou citoyen du monde [...] tout sçavoir, tout voir et ne rien ignorer. » (*Advis pour dresser une bibliothèque*, 1627)[7].

La première occurrence actuellement connue de l'expression « République des lettres » date de 1417 : elle figure, sous la forme latine *Respublica litteraria*, dans une lettre que Francesco Barbaro (1390-1459) adressa au Pogge, assistant, en tant que secrétaire

7 Paris, F. Targa, 1627, p. 21.

apostolique, au concile de Constance (1414-1418). L'humaniste vénitien y remercie son correspondant de lui avoir communiqué la liste des manuscrits qu'il avait découverts dans des bibliothèques allemandes, et il le félicitait de travailler ainsi « pour l'utilité commune » *(pro communi utilitate)*. Barbaro juge son ami digne des plus grands éloges, réservés à « ceux qui ont apporté mille secours et ornements à cette République des lettres » *(qui huic litterariae Reipublicae plurima adiumenta atque ornamenta contulerunt)*. Dès le premier quart du XVIe siècle, *Respublica litteraria* apparaît avec une certaine fréquence. Le sens de l'expression et de ses équivalents dans les langues vernaculaires peut se répartir selon deux axes sémantiques : d'une part, des acceptions plutôt vagues et générales, telles que les savants, le savoir, les gens de lettres, les lettres ; d'autre part, une signification plus profonde et plus riche, celle de communauté des savants. La réalité que le terme recouvre trouve sa meilleure expression dans les années 1550-1750, qui constituent l'âge d'or de la République des lettres. Les hommes de lettres imprégnés de l'humanisme érasmien ont la volonté de cultiver toutes les disciplines, d'embrasser l'ensemble du savoir. Dans la première moitié du XVIIe siècle, la plupart d'entre eux sont encore des humanistes soucieux de recueillir les connaissances que l'on pouvait puiser chez les auteurs de l'Antiquité, de se conformer au modèle représenté par Aristote et Cicéron. Avec la césure épistémologique qui se produit dans la seconde moitié du XVIIe siècle au nom de la nouvelle philosophie de la raison et de l'expérience, les savants européens prennent pleinement conscience des limites de la philologie humaniste et la science du *polyhistor*. À la suite de René Descartes, l'idée s'impose qu'il importe désormais d'être moins savant et plus raisonnable : l'encyclopédisme est de plus en plus souvent considéré comme une activité écrasante, ce qui n'empêche pas les encyclopédies de se multiplier. Et il n'existe pas, pour la première moitié du XVIIe siècle, de savant qui domine la République des lettres à la façon d'Érasme. Pour les humanistes, la notion d'*humanitas* est étroitement liée à l'échange. Ce terme est à mettre en relation avec deux mots grecs, à savoir *paideia*, la volonté de s'instruire dans les humanités et les arts, et *philanthropia*, la volonté de s'ouvrir à autrui. La première notion, celle de *paideia*, correspond, selon Érasme, au concept d'*humanitas* : le grand humaniste désigne par ce vocable un comportement digne de la nature humaine. La notion de *philanthropia* se traduit fréquemment par l'idée de bienveillance *(benevolentia)*, qui implique pour le citoyen de la République des lettres la stricte obligation de promouvoir l'échange savant. Le culte de l'*humanitas*, de la générosité envers autrui, n'exclut pas seulement toute pédanterie et toute érudition inutile entravant le progrès du savoir ; il impose la collaboration avec d'autres savants. Entre le XVIe et le XVIIIe siècle, il exista au sein du monde savant la conscience d'appartenir à une même communauté, la République des lettres, qui se présente comme la réunion universelle des talents appliqués à l'avancement du savoir.

Le rapport étroit entre G. Naudé et la pensée italienne de la Renaissance ressortit également à ce que la tradition historiographique appelle le libertinage érudit. Le libertin s'interroge en particulier sur les risques d'une vulgarisation du savoir : n'ayant pas la faculté de juger des choses par lui-même, le peuple se laisse facilement emporter à l'opinion de ceux qu'il estime les plus sages. Le libertin ne remet pas en cause la confiscation de l'éloquence dans sa fonction publique ; il se refuse, en revanche, à limiter l'investigation du philosophe. Chacun s'interroge sur les risques éventuels d'une circulation non contrôlée de l'écrit. On trouve ainsi dans les œuvres de G. Naudé une appréciation très contrastée de l'imprimerie : pour le bibliothécaire de Mazarin, le nombre de mauvais livres en circulation, depuis l'invention de l'imprimerie, a considérablement augmenté. À l'échelle de l'Europe, elle a surtout permis une généralisation sans précédent des « humanités et bonnes lettres » ; contrastant fortement avec la période médiévale, ce renouveau marque un tournant dans la culture occidentale. Une nouvelle fois dans l'histoire occidentale, comme déjà à plusieurs reprises auparavant au Moyen Âge et à la Renaissance, à la faveur de lieux, de circonstances et de talents variés, se trouvent réunies les conditions de possibilité de l'émergence d'une pensée libre, critique et, pour ainsi dire, déniaisée. L'objet-livre a fait sortir la philosophie de l'Université : désormais il n'est plus besoin de maîtres ni de professeurs, puisque le savoir circule en même temps que les livres. Par ses ouvrages écrits en langue vernaculaire, G. Naudé contribue à saper les fondements de la culture dominante, à démythifier les ressorts du politique et du religieux, à introduire l'athéisme en France. En tant qu'« esprit écarté », le libertin joue des deux registres de la communication : il joue le jeu du public, de ses lois, de ses normes, en prétendant réserver ses idées subversives pour la sphère privée ; mais par le biais de la publication, il rejoue, masqué, la communication privée et subversive sur le terrain de la communication publique. Grâce à l'imprimerie, une frange importante du public amateur de nouveautés peut accéder, sans l'aide de maîtres ni de professeurs, à des livres qui font de la philosophie leur objet. Le libertin s'interroge sur les risques d'une vulgarisation du savoir, mais entérine cette modification de l'espace lettré. La formation d'autodidacte est une alternative à l'enseignement des collèges et des universités : elle témoigne de l'émergence d'une figure nouvelle de la personne privée, revendiquant une raison autonome, en marge des circuits officiels de la production du savoir. Se distinguant du pédant, la figure de l'homme de lettres autodidacte n'est pas celle de l'honnête homme qui allait prévaloir bientôt : l'érudit, qui reçut une formation classique, entend se forger une conscience critique propre, sans se contenter du savoir qui lui fut dispensé. L'érudit se situe fort loin du mondain qui ne se pique de rien, comme en témoigne la formation de G. Naudé, ainsi que sa fréquentation des cercles liés aux collèges parisiens. En évoquant sa formation, au premier chapitre des *Considérations politiques sur les coups d'Estat*, G. Naudé insiste sur son refus de se

« partialiser » pour une école philosophique donnée : la modération manifestée dans l'apprentissage des savoirs équivaut à l'absence d'opiniâtreté et à l'ouverture d'un esprit curieux de tout. Au refus d'un éventuel rapport de sujétion intellectuelle s'adjoint une culture philosophique éclectique, alliant les principales philosophies antiques à l'art de la satire et au savoir des biographes, des moralistes et des historiens. Le pédant incarne la philosophie sclérosée de l'École : si Naudé concède le pédantisme de ses manières, il peut légitimement se vanter de ses dispositions d'esprit. À la présomption de connaissances le philosophe sceptique oppose le registre du vraisemblable, qui permet d'ouvrir l'éventail des possibles sans préjuger de la véracité des faits rapportés. Le sceptique fait l'expérience de la diversité naturelle sans prétendre ramener le multiple à l'un, l'inconnu au connu. L'image du labyrinthe est récurrente sous la plume de G. Naudé, et caractérise les rumeurs et les superstitions entretenues par les faux prophètes ou les rusés politiques à l'attention du vulgaire. La formation d'un jugement autonome, débarrassé du poids de la tradition, de la coutume et de l'autorité, est inséparable d'une critique de la transmission des savoirs. La fin visée est loin de toute pédagogie humaniste : il s'agit moins d'amener le lecteur à la vérité, par l'exercice du *pro et contra*, que de lui apprendre la méfiance. Savoir suppose une herméneutique : le but est moins de construire, en miroir, un savoir ordonné à propos des Anciens que de mettre à nu les mécanismes de transmission de l'erreur. Le libertinage à l'âge classique, s'il ne fait pas école au sens académique du terme, renvoie à une certaine façon de se référer à une culture commune pour se l'approprier : les libertins sont érudits au sens où l'érudition leur donne la possibilité d'inventer une figure nouvelle de la philosophie. Le détour par les livres permet la constitution d'un savoir qui échappe au carcan de la *doxa*. La démarche libertine est d'une grande cohérence, dans l'ordre de la représentation comme dans le champ des idées. Parce qu'il privilégie l'enquête au confort d'une certitude partagée, son propos n'est jamais définitif.

Le débat entre ésotérisme et exotérisme en matière de transmission du savoir fait écho, dans la perspective du libertinage érudit, à l'alternative entre latin véhiculaire et langues vernaculaires dans la pratique écrite du savoir. À l'époque de Gabriel Naudé, le latin règne en maître exclusif dans l'institution scolaire et universitaire, tout comme dans le monde de l'érudition et de l'édition. Il est la langue parlée, celle dans laquelle le professeur dispense son cours, commente les textes, donne des explications, celle dans laquelle l'enfant parle en classe, mais aussi joue lors des récréations. Le latin est la principale matière, et le français ne s'enseigne pas, en tant que l'unique voie d'accès aux autres savoirs, telles l'histoire ou la géographie, la rhétorique ou la philosophie. Les manuels sont en latin, qu'il s'agisse des grammaires ou des ouvrages destinés à aider l'enfant dans les compositions. Selon la hiérarchie traditionnelle des langues, recourir à la langue vulgaire signifie pour un lettré se déclasser. Le latin est langue de *scientia* : héritier direct de la philosophie romaine, langue de transmission de la philosophie grecque, et langue de l'université, qui en principe détient le monopole de l'enseignement supérieur et de la disputation.

Les humanistes italiens mettent au centre de leur culture les grands écrivains antiques perçus comme la source de toute formation : la lecture directe des textes dans une perspective historico-critique et philologique est la base non seulement d'une instruction, mais aussi d'une éducation au sens plein du terme. L'étude du latin classique repose sur les mêmes principes que la lecture des auteurs antiques et obéit aux mêmes exigences. Un modèle culturel s'instaure alors : d'une part, il embrasse la formation de l'homme dans son entier, visant à son instruction aussi bien qu'à son éducation ; d'autre part, en se fondant sur un dialogue avec des maîtres reconnus comme les archétypes de l'humanité, il postule d'emblée une valeur universelle et éternelle.

Ce modèle, tel qu'il transparaît dans les écrits des humanistes, est un idéal. Le résultat auquel les élèves parviennent a son prix en termes de formation de l'homme : prendre des notes, apprendre par cœur, répéter et imiter constitue le quotidien scolaire. L'humanisme se traduit avant tout par la production de talents dans les langues anciennes ; la préparation à la vie que des écrits théoriques placent au cœur du dispositif pédagogique semble avoir été moins sensible. L'humanisme pragmatique d'inspiration ramiste prend acte en quelque sorte de cet état de fait : le contenu moral de la formation est abandonné au profit du souci pratique de préparer un individu à ses futures fonctions, à l'exercice d'offices et de magistratures. En dépit de cette réduction de l'humanisme aux humanités, l'idéal d'une formation humaniste, autrement dit la foi en un idéal intellectuel et moral, n'en perdure pas moins jusqu'à aujourd'hui. Aussi longtemps que le latin est nécessaire pour l'exercice d'un certain nombre de professions, ou plus exactement tant que ces professions ne peuvent être exercées sans la maîtrise du latin, on ne se pose guère de questions sur la présence du latin dans le dispositif pédagogique.

Le texte traduit ici par nos soins est rédigé en un latin qui n'est pas aisé à traduire. J.-J. Bouchard[8] reproche à G. Naudé la faiblesse du style. Sa pauvreté est relevée aussi par L. Holstenius : « allinit atrum transverso calamo signum »[9]. Les défauts s'en trouvent résumés dans les remarques suivantes de Sainte-Beuve : « Le style latin de Naudé laissa toujours à désirer pour la vraie élégance. Mais cette assez mauvaise prose poétique, cette flatterie plus que française, cette reconnaissance trop italienne, tous ces défauts du panégyrique composent, dans le cas présent, une très belle et très noble action, savoir la défense et l'apologie, aux pieds

8 Voir L. G. Pélissier, *Deux lettres inédites de J.-J. Bouchard à Gabriel Naudé*, Paris, Techener, 1892.

9 *Gabrielis Naudaei Epistolae*, 1667, pp. 227-244 ; *Cl. V. Gabrielis Naudaei Tumulus* (1659).

du Saint-Siège, de la science et de la philosophie, hier encore persécutées.»[10]

Le traité de G. Naudé reflète une connaissance empirique, en quelque sorte intériorisée, de la pratique des études (plus ou moins érigée en système) qui eut cours au Moyen Âge et à la Renaissance pendant les siècles qui précédèrent, et surtout préparèrent, l'époque de l'érudit français. Ce long temps préparatoire (du point de vue rétrospectif d'un auteur des Temps Modernes) nous parvient dans ces pages sous une forme à la fois imparfaite et implicite, faiblement différenciée en tout cas, du point de vue rétrospectif de l'érudition contemporaine, qui promeut la manière distanciée du savoir scientifique. Le résultat est celui, parfois opaque, d'une connaissance hésitant entre innutrition et savoir mondain au risque d'un certain pédantisme.

Ce court traité de Gabriel Naudé n'a jamais fait autorité au point d'illuminer l'histoire de la pensée ou de servir de référence centrale aux théoriciens de l'éducation ou de la pédagogie. Il mérite toutefois le détour pour son caractère atypique et inclassable, pour ses imperfections et sa singularité proprement *sui generis.*

---

10 *Gabriel Naudé*, 1843 ; 1999, pp. 48-49.

BIBLIOGRAPHIE

SOURCES PRIMAIRES

CAMPANELLA (Thomas), *De libris propriis & recta ratione studendi Syntagma*, Parisiis, Apud viduam Gulielmi Pele, 1642.

Correspondance du nonce Giovanni-Francesco Guidi di Bagno (1621-1627), I-II, publiée par Bernard de Meester, Bruxelles, Palais des Académies ; Rome, Institut historique belge, 1938.

De eruditione comparanda in humanioribus [...], quos Thomas Crenius conlegit, recensuit..., Lugduni Batavorum, Apud H. Teeringh et A. de Swarte, 1699.

ENGERD (Johann), *Methodus, de liberalibus pueritiae et adolescentiae studiis recte ordinandis*, Ingolstadt, David Sartorius, 1583.

Gabrielis Naudaei Tumulus, complectens elogia, epitaphia, carmina tum Latina, tum Gallica variorum Cl. Virorum. Cura & labore R. P. Lud. Iacob, Parisiis, E typographia Claudii Cramoisy, 1659.

H. Grotii et aliorum Dissertationes De studiis instituendis, Amsterodami, Apud Ludovicum Elzevirium, 1645. Contenant I. Epistola Hug. Grotii *ad Benjaminum Maurerium, Legatum Regiae Galliae.* II. Gabrielis Naudaei *Parisini Bibliographia Politica, ad eruditissimi Virum Iacobum Gaffarellum.* III. Ejusdem *Syntagma de Studio liberali, ad illustrem Adolescentem Fabricium ex Comitibus Guidiis à Balneo* (pp. 74-141). IV. Arn. Clapmarii, *Iuris-consulti, Nobilis Adolescentis Triennium : Quomodo Studiosus humaniorum literarum triennio animam juxtà ac sermonem feliciter excolere possit. ad nobilissimum Volcardum Zuingerum.* V. *Additamentum ex* Johanne Sturmio. VI. Christophori Coleri *de ordinando Studio Politico Epistola, ad generosum Iuvenem Stanislaum Zelenium Vitellium de Zelanka.* VII. *Additamentum ex* Joh. Caselli Neô. VIII. Jacobi Focani *dissertatio de Studiis, ad Iodocum Lodensteinium.* IX. Joachimi Fortii *Ringelbergii Andoverpiani de ratione studii liber.* X. Erasmi Roterodami *tractatus, ejusdem argumenti.* XI. Casparis Barlaei *Methodus Studiorum, praescripta Ducibus Megapolensibus, ad eorum Ephorum.* XII. Ejusdem *Methodus morum, praescripta Ducibus Lunaeburgensibus, ad eorundem Ephorum, & studiorum informatorem.* XIII. Thomae Campanellae *de libris propriis, & rectâ ratione studendi, Syntagma, ad Gabriëlem Naudaeum Parisinum.* XIV. Leonardus Aretinus *de Studiis & literis, ad Illustrem Dominum Isabellam Malatestam.* XV. Casparis Scioppii, *Comitis à Claraevalle, Consultationes de scholarum & Studiorum ratione ; deque Prudentiae & Eloquentiae parandae modis. Ejusce Consultatio* Prima, *de Studiorum ratione.* Secunda, *de Prudentiae & Eloquentiae parandae modis, in adolescentis cujusdam Germani usum.* Tertia, *de Scholarum classicarum informatione.* Quarta, *de Causis Grammaticae Philosophicae in Scholas introducendae.* XVI. Ludovici Crocii *D. Instructio, de ratione Studii Theologici.* XVII. Johannis Loccenii *de Studio Iuris Dissertatiuncula epistolica : cum Excerpto ex epist.* Hugonis Grotii. XVIII. Johannis Heurnii, *de Studio Medicinae bene instituendo, dissertatio.* XIX. M. Hortensii *Dissertatio de Studio Mathematico rectè instituendo ; ad V. cl. Marcum Zuerium Buxhornium.* XX. Sebastiani Foxii Morsilii *de Studii Philosophici ratione Epistola, ad Franciscum fratrem.* XXI. Petri Angelii *Bargaei, quo ordine Scriptorum historiae Romanae monumenta sint legenda, Libellus.* XXII. Johannis Caseli, *ad generosum Iuvenem Ernestum à Steinberg, in Bodenburg, Epistola de Studio liberalis Doctrinae, decente equestri loco natos : aliqua de peregrinatione nobili : nonnulla de oratione civili perspicua.* XXIII. Casparis Schioppii, *Comitis à Claraevalle, Diatriba, de compendiosa & facili linguam Ebraeam & Chaldaeam condiscendi ratione.* XXIV. Johannis Alberti Banni *Dissertatio epistolica, de Musicae naturâ, origine, progressu, & denique Studio bene instituendo. ad incomparabilem Virum Petrum Scriverium, polyhistora.*

Ioachimi Fortii Ringelbergii, Desiderii Erasmi, M. A. Mureti, G. J. Vossii, & C. Barlaei, Commentationes de ratione studii, Ludguni Batavorum, Apud Sam. et Joh. Luchtmans, 1792.

Martelli (Ugolino), *De expedita discendi ratione*, Florentiae, Apud B. Sermartellium, 1591.

Naudé (Gabriel), *Addition à l'histoire de Louis XI. Contenant plusieurs Recherches curieuses sur diverses matieres*, Paris, F. Targa, 1630 (réimpr., Paris, Fayard, 1999).

Naudé (Gabriel), *La Bibliographie politique du Sr. Naudé. Contenant les liures & la methode necessaires à estudier la Politique*, Paris, Vve de Guillaume Ele, 1641.

Naudé (Gabriel), *Lettres de Gabriel Naudé à Jacques Dupuy (1632-1652)*, édition critique, introduction et notes, par Ph. Wolfe, Edmonton, Alta Press, 1982.

Niceron (Jean-Pierre), *Mémoires pour servir à l'histoire des hommes illustres dans la République des lettres*, IX, Paris, Briasson, 1729, pp. 76-110.

Nieuhoff (Bernard), *De ratione studii recte constituenda libellus singularis*, Harderovici, Apud J. V. Kasteel, 1800.

Ratio studiorum. Plan raisonné et institution des études dans la Compagnie de Jésus. Édition bilingue latin-français, présentée par A. Demoustier et D. Julia, traduite par L. Albrieux et D. Pralon-Julia, annotée et commentée par M.-M. Compère, Paris, Belin, 1997.

SAINTE-BEUVE (Charles-Augustin), *Gabriel Naudé*, Paris, Paris-Zanzibar, 1999 (1843).

ÉTUDES SECONDAIRES

BIANCHI (L.), *Rinascimento e libertinismo. Studi su Gabriel Naudé*, Napoli, Bibliopolis, 1996.

BIANCHI (L.), *Tradizione libertina e critica storica. Da Naudé a Bayle*, Milano, Franco Angeli, 1988.

BŒUF (E.), *La Bibliothèque parisienne de Gabriel Naudé en 1630. Les Lectures d'un libertin érudit*, Genève, Droz, 2007.

BOTS (H.), WAQUET (F.), *La République des lettres*, Paris, Belin-De Boeck, 1997.

CLARKE (J. A.), *Gabriel Naudé 1600-1653*, Hamden, Archon Books, 1970.

Commercium litterarium. La Communication dans la République des lettres (1600-1750), édité par H. Bots et F. Waquet, Amsterdam-Maarssen, APA-Holland University Press, 1994.

COMPAYRÉ (G.), *Histoire critique des doctrines de l'éducation en France depuis le seizième siècle*, I-II, Paris, Hachette, 1879.

COURTNEY (J. W.), *Gabriel Naudé M.D. Preeminent savant, bibliophile, philanthropist*, reprinted from Volume VI, number 3, pages 303-311, *Annals of Medical History*, New York, Paul B. Hoeber, 1924.

CURTIS (D. E.), *Progress and eternal recurrence in the work of Gabriel Naudé (1600-1650)*, Hull, University of Hull, 1967.

DAINVILLE (F. de), *L'Éducation des jésuites (XVIe-XVIIIe siècles)*, textes réunis et présentés par M.-M. Compère, Paris, Les Éditions de Minuit, 1978.

DAINVILLE (F. de), *La Naissance de l'humanisme moderne*, I, Paris, Beauchesne, 1940.

DAMIEN (R.), *Bibliothèque et État. Naissance d'une raison politique dans la France du* XVIIe *siècle*, Paris, Presses universitaires de France, 1995.

DENIS (J.), *Sceptiques ou libertins de la première moitié du* XVIIe *siècle. Gassendi, Gabriel Naudé, Gui-Patin, Lamothe-Levayer, Cyrano de Bergerac*, Caen, 1884 (Genève, Slatkine, 1970).

Ducato di Urbino (1443-1631), con un saggio di C. Donati, Milano, Franco Maria Ricci, 2001.

FUMAROLI (M.), *L'Âge de l'éloquence. Rhétorique et « res literaria » de la Renaissance au seuil de l'époque classique*, Paris, Albin Michel, 1994 (1re édition, 1980).

Histoire de la rhétorique dans l'Europe moderne (1450-1950), publiée sous la direction de M. Fumaroli, Paris, Presses universitaires de France, 1999.

L'Éducation en France du XVIe *au* XVIIIe *siècle*, par R. Chartier, M.-M. Compère, D. Julia, Paris, Société d'édition d'enseignement supérieur, 1976.

Les Premiers siècles de la République européenne des lettres. Actes du Colloque international Paris, décembre 2001, sous la direction de M. Fumaroli, communications réunies par M. Lion-Violet, Paris, Alain Baudry, 2005.

Libertinage et philosophie au XVIIe *siècle. 2. La Mothe Le Vayer et Naudé*, Saint-Étienne, Publications de l'Université de Saint-Étienne, 1997.

Libertinage et philosophie au XVIIe *siècle. 7. La Résurgence des philosophies antiques*, Saint-Étienne, Publications de l'Université de Saint-Étienne, 2003.

LICOPPE (G.), *Le Latin et le politique. Les Avatars du latin à travers les âges*, Bruxelles, Musée de la Maison d'Érasme, 2003.

MEYER (J.), *L'Éducation des princes en Europe du* XVe *au* XIXe *siècle*, Paris, Perrin, 2004.

MOREAU (I.), *« Guérir du sot ». Les Stratégies d'écriture des libertins à l'âge classique*, Paris, Honoré Champion, 2007.

PINTARD (R.), *Le Libertinage érudit dans la première moitié du* XVIIe *siècle*, nouvelle édition augmentée d'un avant-propos et de notes et réflexions sur les problèmes de l'histoire du libertinage, Paris, 1943 (réimpression Genève, Slatkine, 2000).

RICE (J. V.), *Gabriel Naudé 1600-1653*, Baltimore, The Johns Hopkins Press, 1939.

Sciences et langues en Europe, sous la direction de R. Chartier et P. Corsi, Paris, École des hautes études en sciences sociales, 1996.

SNYDERS (G.), *La Pédagogie en France aux XVIIe et XVIIIe siècles*, Paris, Presses universitaires de France, 1965.

Tous vos gens à latin. Le Latin, langue savante, langue mondaine (XIVe-XVIIe siècles), études réunies et éditées par E. Bury, Genève, Droz, 2005.

WAQUET (F.), *Le Latin ou l'empire d'un signe (XVIe-XXe siècle)*, Paris, Albin Michel, 1998.

INDEX NOMINUM

TABLE DES MATIÈRES

Achevé d'imprimer par Corlet Numérique - 14110 Condé-sur-Noireau
N° d'Imprimeur : 60963 - Dépôt légal : juin 2009 - *Imprimé en France*